HUITIÈME ÉDITION

GRAMMAIRE MUSICALE

Divisée en deux Parties

CONTENANT

LES PRINCIPES DE LA MUSIQUE

Par Demandes et Réponses

PAR

AD. LE CARPENTIER

PROFESSEUR AU CONSERVATOIRE

Première partie. — Prix net. . 1 fr. 25
Deuxième partie. — Prix net. . 1 25

Les deux parties réunies, net : 2 francs

PARIS

ANCIENNE MAISON MEISSONNIER
(Magasin de musique de l'Opéra)

E. GÉRARD ET CIE, 12, BOULEVART DES CAPUCINES
ET 2, RUE SCRIBE. — MAISON DU GRAND-HOTEL.

MUSIQUE ET PIANOS

HUITIÈME ÉDITION

GRAMMAIRE MUSICALE

Divisée en deux Parties

CONTENANT

LES PRINCIPES DE LA MUSIQUE

Par Demandes et Réponses

PAR

AD. LE CARPENTIER

PROFESSEUR AU CONSERVATOIRE

Première partie. — Prix net. . 1 fr. 25
Deuxième partie. — Prix net. . 1 25

Les deux parties réunies, net : 2 francs

PARIS

ANCIENNE MAISON MEISSONNIER

(Magasin de musique de l'Opéra)

E. GÉRARD ET CIE, 12, BOULEVART DES CAPUCINES

ET 2, RUE SCRIBE. — MAISON DU GRAND-HOTEL.

MUSIQUE ET PIANOS

PARIS
MUSIQUE TYPOGRAPHIQUE
DE TANTENSTEIN
8, *rue Toullier.*

Paris. — Typographie de Ch. Meyrueis, rue Cujas, 13.

SOLFÉGE.

L'élève ne devra apprendre les principes de musique que graduellement et à mesure qu'il dira les leçons du solfége, de manière à ce que le précepte et l'exemple puissent se graver en même temps dans sa mémoire; j'ai tâché, autant que possible, de mettre ces principes à la portée des commençants, je laisse au professeur le soin de donner verbalement les explications qu'il jugera nécessaires, et qui devront être appropriées aux capacités particulières de chaque élève.

PRINCIPES ÉLÉMENTAIRES DE MUSIQUE.

ARTICLE IER.

DE LA MUSIQUE, DU NOM DES NOTES ET DE LA GAMME.

DEMANDE. *Qu'est-ce que la musique?*

RÉPONSE. C'est l'art de combiner les sons.

D. *Comment représente-t-on les sons?*

R. Par des signes que l'on appelle notes.

D. *Comment nomme-t-on ces notes?*

R. On les nomme UT, RÉ, MI, FA, SOL, LA, SI.

D. *Ces notes représentent-elles chacune un son?*

R. Oui, les notes UT, RÉ, MI, FA, SOL, LA, SI, représentent sept sons montant progressivement.

D. Qu'est-ce que la gamme?

R. C'est la succession des sept notes, auxquelles on en ajoute une huitième qui est la réplique ou l'octave de la première.

EXEMPLE :

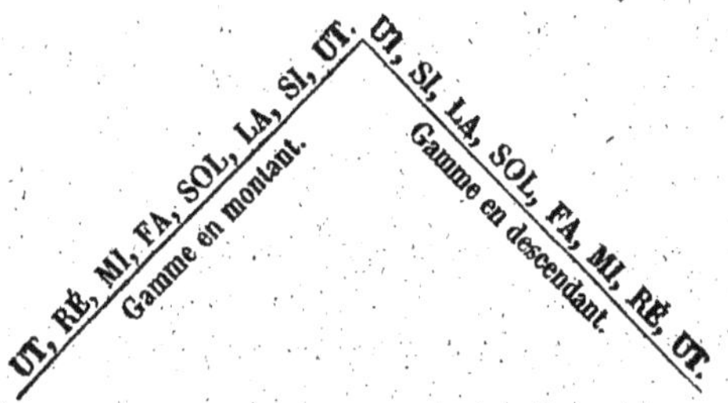

ARTICLE II.

DE LA PORTÉE ET DES CLÉS.

D. Qu'est-ce qu'on appelle une portée?

R. On appelle portée, cinq lignes horizontales tracées l'une sous l'autre.

D. Quelle est la première ligne?

R. C'est celle du bas.

PORTÉE.

5e........
4e........
3e........
2e........
1re ligne.

D. A quoi sert la portée?

R. La portée sert à reconnaître le nom des notes d'après la place qu'elles occupent sur les lignes ou entre les lignes.

D. Les notes dépassent-elles quelquefois la portée?

R. Oui.

D. De quel moyen se sert-on pour indiquer le nom des notes, lorsqu'elles dépassent la portée?

R. On ajoute d'autres petites lignes, que l'on appelle lignes supplémentaires.

EXEMPLE. Lignes supplémentaires.

Lignes supplémentaires.

D. Qu'est-ce qu'une clé?

R. Une clé est un signe que l'on met au commencement de chaque portée.

D. Y a-t-il plusieurs clés?

R. Oui.

D. Quels sont leurs noms?

R. La clé de *sol*, la clé de *fa*, la clé d'*ut*.

D. A quoi servent les clés?

R. A déterminer le nom des notes, d'après la place que ces clés occupent sur les lignes de la portée.

D. Ne place-t-on pas chacune de ces clés sur différentes lignes?

R. Oui.

D. Quelles sont les clés les plus usitées?

R. Ce sont : la clé de SOL seconde ligne et la clé de FA quatrième ligne.

Clé de *sol* 2e ligne. Clé de *fa* 4e ligne.

D. Quel est l'usage de ces deux clés?

R. La clé de SOL indique les sons aigus, et la clé de FA les sons graves.

D. Comment reconnaît-on que la clé de SOL *est placée sur la deuxième ligne?*

EXEMPLE.

R. Par la boucle de la clé posée sur cette ligne.

D. Que signifie la clé de SOL *placée sur la seconde ligne?*

EXEMPLE.

R. Elle indique que la note placée sur cette ligne devra s'appeler SOL.

sol

REMARQUE. La clé, en fixant le nom et la place d'une seule note, détermine par cela même le nom et la place de toutes les autres.

POSITION DES NOTES DE LA GAMME A LA CLÉ DE *SOL*.

La clé de *sol* seconde ligne et la clé de *fa* quatrième ligne étant les plus en usage, on les appelle, par abréviation, clé de *sol* et clé de *fa*, la dénomination des lignes est sous-entendue (1).

ARTICLE III.

DE LA MESURE ET DE LA VALEUR DES NOTES.

D. Qu'est-ce qu'on entend par battre la mesure en solfiant?

R. On bat la mesure en marquant des temps égaux avec la main, en même temps que l'on chante les notes.

D. Y a-t-il différentes manières de diviser ces temps?

R. Oui, il y a des mesures à deux, trois et quatre temps.

MANIÈRE DE BATTRE CES DIFFÉRENTES MESURES.

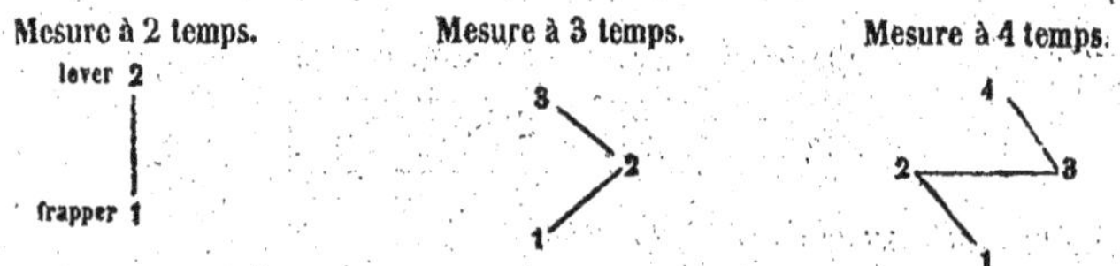

D. A quoi sert la mesure?

R. A donner à chaque note la durée ou valeur qui lui est nécessaire.

D. Pour indiquer la valeur des notes, ne leur donne-t-on pas différentes formes?

R. Oui.

D. Comment appelle-t-on ces différentes formes de notes?

R. On les appelle: ronde, blanche, noire, croche, double croche, triple croche, et quadruple croche.

---

(1) On trouvera, page 84, des explications concernant la clé de *fa*.

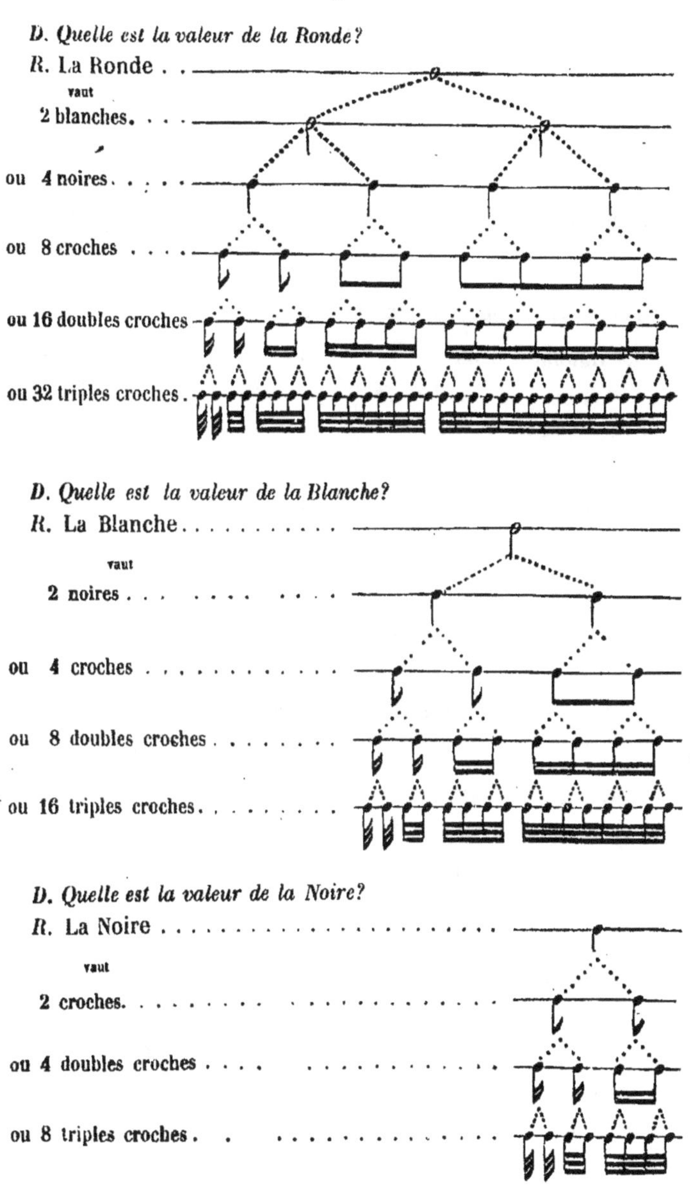
D. Quelle est la valeur de la Ronde?
R. La Ronde . .
vaut
2 blanches. . . .
ou 4 noires. . . . .
ou 8 croches . . . .
ou 16 doubles croches
ou 32 triples croches.
D. Quelle est la valeur de la Blanche?
R. La Blanche. . . . .
vaut
2 noires . . . .
ou 4 croches . . . .
ou 8 doubles croches . . . .
ou 16 triples croches. . . . .
D. Quelle est la valeur de la Noire?
R. La Noire . . . .
vaut
2 croches. . . . .
ou 4 doubles croches . . . .
ou 8 triples croches. . . . .

D. Quelle est la valeur de la Croche?

R. La Croche . . . .

vaut

2 doubles croches . . . .

ou 4 triples croches . . . .

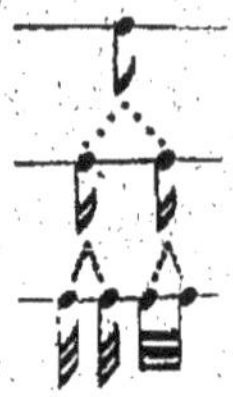

D. Quelle est la valeur de la Double Croche?

R. La Double Croche . . . .

vaut

2 triples croches . . . .

ou 4 quadruples croches . . . .

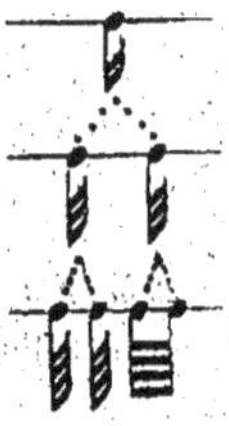

ARTICLE IV.

DES INTERVALLES.

D. Qu'est-ce qu'un intervalle?

R. C'est la distance d'un son à un autre.

D. Combien y a-t-il d'intervalles?

R. Il y en a sept.

D. Comment les nomme-t-on?

R. On les nomme : seconde, tierce, quarte, quinte, sixte, septième et octave.

D. Que signifient ces différentes dénominations d'intervalles?

R. Elles indiquent les degrés dont ils se composent.

D. Donnez la définition de ces intervalles en parcourant la gamme dans les huit degrés dont elle est composée?

R. Ut étant le premier degré, il y a

D'ut à ré, 2 degrés . . . . . SECONDE.

D'ut à mi, 3 degrés . . . TIERCE.

D'ut à fa, 4 degrés . . . . QUARTE.

D'ut à sol, 5 degrés . . . . . QUINTE.

D'ut à la, 6 degrés . . . . SIXTE.

D'ut à si, 7 degrés . . . . . SEPTIÈME.

D'ut à ut, 8 degrés . . . . . OCTAVE.

Remarque. L'octave d'un son est la répétition de ce son à huit degrés de distance, en montant la gamme; lorsqu'on est arrivé au second *ut*, qui est l'octave du premier, on peut recommencer une nouvelle gamme une octave au-dessus de la première.

GAMME DANS L'ÉTENDUE DE DEUX OCTAVES.

(La clé de *sol* peut indiquer encore des notes plus graves et plus aiguës; on en trouvera des exemples page 83.)

ARTICLE V.

DES SILENCES.

D. Qu'est-ce qu'un silence?

R. Un silence est un signe que l'on place sur la portée, et qui indique qu'il faut s'interrompre pendant un certain temps, sans pour cela discontinuer la mesure.

D. Y a-t-il différents silences?

R. Oui, il y en a autant que de valeurs de notes.

D. Quels sont les noms des différents silences?

R. La pause ▬, la demi-pause ▬, le soupir 𝄽, le demi-soupir 𝄾, le quart de soupir 𝄿, le demi-quart de soupir 𝅀 et le seizième de soupir 𝅁.

D. Quel est le rapport existant entre les silences et les valeurs de notes?

R. La Pause . . . .
vaut une ronde. . . . .

La Demi-Pause, ...
une blanche . . . .

Le Soupir, ...
une noire . . . .

Le Demi-Soupir, ...
une croche . . . .

Le Quart de Soupir, ...
une double croche . . . .

Le Demi-Quart de Soupir, ...
une triple croche . . . .

Le Seizième de Soupir, ...
une quadruple croche . . . .

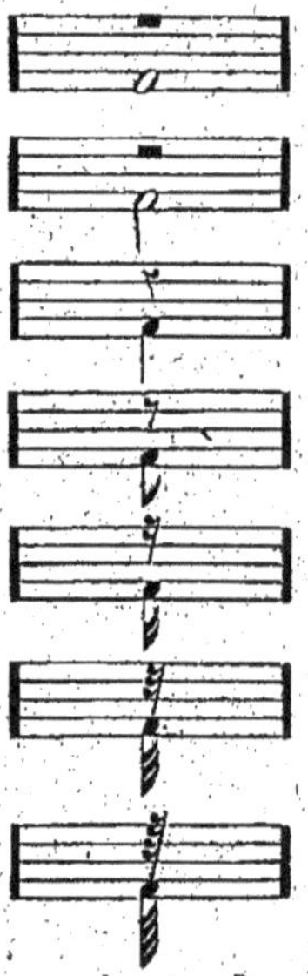

D. N'y a-t-il pas une observation particulière à faire sur la pause?

R. Oui, c'est qu'elle vaut toujours une mesure entière, quand bien même la mesure serait à deux, trois ou quatre temps.

Remarque. Lorsqu'il faut s'interrompre pendant plusieurs mesures de suite on indique ce silence par des bâtons de deux et quatre pauses.

Bâton de 2 pauses. Bâton de 4 pauses

ARTICLE VI.

DU POINT PLACÉ APRÈS UNE NOTE, ET DU TRIOLET.

D. A quoi sert le point lorsqu'il est placé après une note?
R. Il augmente la note de la moitié de sa valeur.

Une Ronde pointée . . . .

vaut trois blanches . . . .

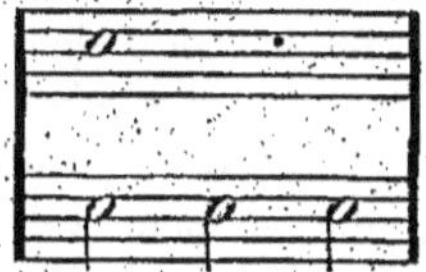

Une Blanche pointée. . . . .

trois noires. . . . .

Une Noire pointée. . . . .

trois croches . . . .

Une Croche pointée. . . . . . .

trois doubles croches . . . . . .

Une Double Croche pointée . . . . . .

trois triples croches . . . .

Une Triple Croche pointée. . . . . .

trois quadruples croches . . . . .

D. Ne met-on pas aussi quelquefois des points après les silences?

R. Oui.

D. Quel est leur effet?

R. D'augmenter les silences, comme les notes, de la moitié de eur valeur.

D. Peut-on placer plusieurs points après une note ou un silence?

R. Oui, on en place quelquefois deux; dans ce cas, le second vaut la moitié de celui qui le précède.

D. Qu'est-ce qu'un triolet?

R. C'est un groupe de trois notes égales qui remplacent deux notes de même valeur.

D. Comment reconnaît-on le triolet?

R. Par un 3 placé au-dessus du groupe de trois notes; quelquefois, lorsque deux triolets se suivent. on met un 6 au-dessus du groupe de six notes.

ARTICLE VII.

DES BARRES DE MESURES ET DES MESURES LES PLUS USITÉES

D. Qu'appelle-t-on barres de mesures?

R. On appelle barres de mesures des lignes verticales tracées sur la portée.

BARRES DE MESURES.

D. A quoi servent les barres de mesures?

R. A renfermer la valeur des temps de la mesure.

D. De quelle manière indique-t-on la valeur de chaque mesure?

R. Par un signe ou un chiffre que l'on place au commencement de la portée.

D. Quelles sont les mesures les plus usitées?

R. Les mesures les plus usitées sont: la mesure à quatre temps C, ou **4**, la mesure à trois-quatre $\frac{3}{4}$, la mesure à trois-huit $\frac{3}{8}$, la mesure à deux temps ₵, ou **2**, la mesure à deux-quatre $\frac{2}{4}$, et la mesure à six-huit $\frac{6}{8}$.

D. Que signifient ces différentes dénominations de mesures?

R. La mesure à quatre temps se compose d'une ronde ou de la valeur d'une ronde.

MESURE A QUATRE TEMPS.

La mesure à trois-quatre, des trois quarts d'une ronde.

MESURE A TROIS-QUATRE.

La mesure à trois-huit, des trois huitièmes d'une ronde.

MESURE A TROIS-HUIT.

La mesure à deux temps, d'une ronde ou de la valeur d'une ronde.

MESURE A DEUX TEMPS.

La mesure à deux-quatre, des deux quarts d'une ronde.

MESURE A DEUX-QUATRE.

La mesure à six-huit, des six huitièmes d'une ronde.

MESURE A SIX-HUIT.

REMARQUE. Les mesures se divisent en temps forts et faibles; le temps fort est celui qui a le plus d'effet. Dans la mesure à deux temps, le premier est fort, le second est faible; dans la mesure à trois temps, le premier est fort, les deux autres sont faibles; dans la mesure à quatre temps, le premier et le troisième temps sont forts, les deux autres sont faibles.

Il y a des mesures simples et des mesures composées : les mesures simples sont celles dont les temps se composent de notes simples; les mesures composées sont celles dont les temps se composent de notes pointées; ainsi, par exemple la mesure à six-huit est une mesure composée. (Il existe un grand nombre de mesures composées, mais elles sont peu en usage: la mesure à six-huit est la seule dont on se serve souvent dans la musique moderne.)

ARTICLE VIII.

DE LA LIAISON ET DE LA SYNCOPE.

D. Qu'est-ce qu'une liaison?

R. C'est une ligne courbe ⁀ que l'on met quelquefois au-dessus ou au-dessous des notes.

D. Quel est l'effet de la liaison?

R. Lorsqu'une liaison est placée au-dessus de plusieurs notes semblables, on doit soutenir le son de la première note, et le prolonger sans répéter les autres.

EXEMPLE.

Remarque. Lorsqu'une liaison est placée au-dessus de notes différentes . . . . . elle indique que les sons doivent être soutenus. Les sons, en général, doivent être émis de cette manière, et, à moins que les notes ne soient surmontées de points, ce qui indique qu'elles doivent être détachées, la liaison est toujours sous-entendue.

D. Qu'est-ce qu'une syncope?

R. C'est une note coupée par le temps ou par la mesure.

EXEMPLE DE DIFFÉRENTES SYNCOPES

Remarque. La syncope commence sur le temps faible et se prolonge sur le temps fort; lorsqu'elle est formée de deux notes d'inégale valeur, elle se nomme *syncope brisée*.

ARTICLE IX.

DU TON ET DU DEMI-TON.

D. Qu'est-ce qu'un ton?

R. C'est la distance qui existe entre une note et celle qui la suit, dans une gamme montante ou descendante.

D. Y a-t-il des intervalles plus petits qu'un ton?

R. Oui, il y a des intervalles d'un demi-ton.

D. Dans une gamme, les notes sont-elles toutes placées à la distance d'un ton?

R. Non, il y en a entre lesquelles il n'y a que la distance d'un demi-ton.

ARTICLE X.

DES SIGNES D'ALTÉRATION.

D. N'y a-t-il pas des signes que l'on met devant les notes, et qui ont pour effet d'en changer l'intonation?

R. Oui : il y a le *dièse* ♯, le *bémol* ♭, le *double-dièse* ×, le *double bémol* ♭♭, et le *bécarre* ♮.

D. A quoi sert le dièse?

R. A hausser la note d'un demi-ton.

D. A quoi sert le bémol?

R. A baisser la note d'un demi-ton.

D. A quoi sert le double-dièse?

R. A hausser la note d'un ton.

D. A quoi sert le double-bémol?

R. A baisser la note d'un ton.

D. A quoi sert le bécarre?

R. A remettre la note dans son ton naturel.

D. Comment se posent les dièses?

R. De quinte en quinte en montant, en commençant par *fa*.

D. Comment se posent les bémols?

R. De quarte en quarte en montant, en commencant par *si*.

D *Sur quelles notes se posent les dièses?*

R. Sur FA, UT, SOL, RÉ, LA, MI, SI.

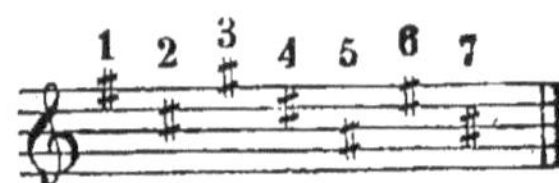

D. *Sur quelles notes se posent les bémols?*

R. Sur SI, MI, LA, RÉ, SOL, UT, FA.

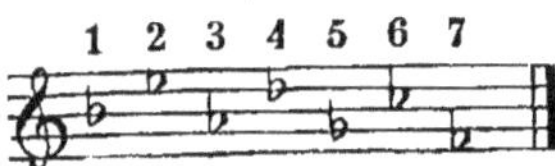

D. *A quelle place pose-t-on le dièse et le bémol?*

R. On les pose au commencement de la portée, immédiatement après la clé, ou bien seulement dans le courant du morceau de musique.

D. *Lorsque les dièses sont placés à la clé, quel est leur effet?*

R. Les notes, sur les lignes desquelles ils sont posés, doivent être haussées d'un demi-ton pendant toute la durée du morceau, à moins qu'elles ne soient remises dans leur ton naturel par un bécarre.

D. *Lorsque les bémols sont placés auprès de la clé, quel est leur effet?*

R. Les notes, sur les lignes desquelles ils sont posés, doivent être baissées d'un demi-ton pendant toute la durée du morceau, à moins qu'elles ne soient remises dans leur ton naturel par un bécarre.

D. *Quel est l'effet du dièse et du bémol quand ils sont posés isolément devant une note?*

R. Alors, ils ne changent l'intonation de la note que pendant l'espace d'une mesure, et ils se nomment dièse ou bémol accidentel.

D. *Le dièse et le bémol n'ont-ils pas un nom commun par lequel on les désigne tous deux*

R: Oui, le dièse et le bemol s'appellent Signes d'altération.

ARTICLE XI.

DES GAMMES

D. Qu'est-ce que le ton d'une gamme?

R. C'est la note principale sur laquelle cette gamme est établie.

D. Qu'est-ce qu'une gamme dans le ton ou mode majeur?

R. C'est une gamme où les demi-tons se trouvent placés entre le troisième et quatrième degré, et le septième et huitième.

GAMME MAJEURE.

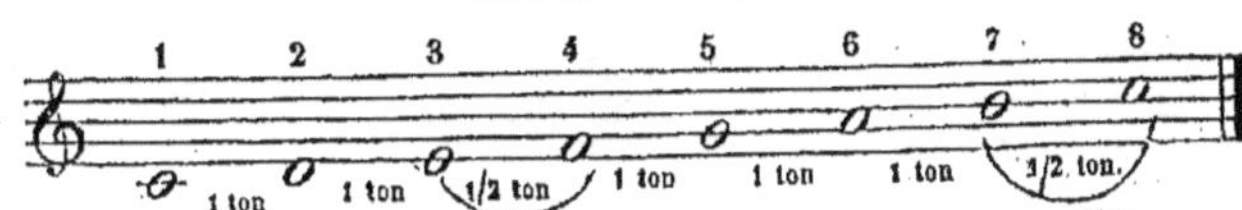

D. Qu'est-ce qu'une gamme mineure?

R. C'est une gamme où le premier demi-ton est placé entre le second et le troisième degré.

GAMME MINEURE.

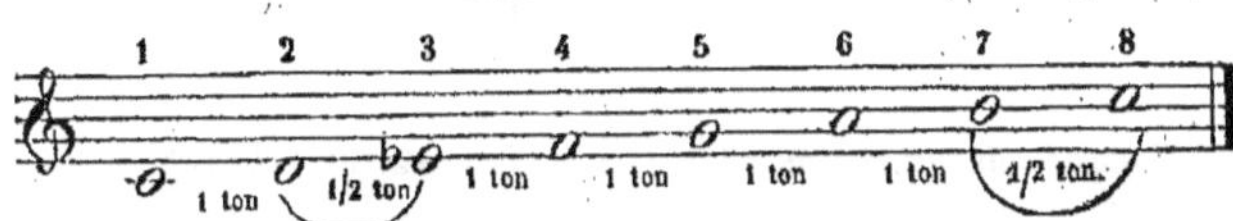

D. Les gammes majeures et mineures n'ont-elles pas un nom commun par lequel on les désigne indistinctement?

R Oui, les gammes majeures et mineures s'appellent gammes diatoniques

REMARQUE. Chaque note de la gamme peut devenir note principale d'une gamme, et ces notes peuvent même être altérées par des dièses ou des bémols; ainsi, la gamme commençant par *ut* peut être gamme d'*ut* naturel, d'*ut* dièse, d'*ut* bémol; il en est de même pour les autres notes.

La première note d'une gamme s'appelle *tonique*, la quatrième *sous-dominante*, la cinquième *dominante*, et la septième ou avant-dernière s'appelle *note sensible;* ces noms ont été donnés aux notes pour indiquer leur position par rapport au ton.

(Voir les traités d'harmonie pour plus de détails.)

D. Y a-t-il d'autres gammes que les gammes diatoniques?

R. Oui, il y a la gamme chromatique.

D. Qu'est-ce qu'une gamme chromatique?

R. C'est une gamme composée seulement de demi-tons.

GAMME CHROMATIQUE AVEC DES DIÈSES.

GAMME CHROMATIQUE AVEC DES BÉMOLS.

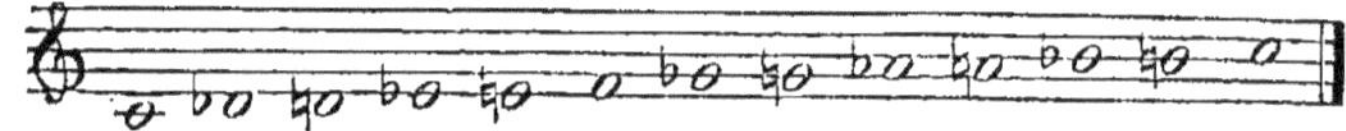

ARTICLE XII.

DE LA MANIÈRE DE CONNAITRE DANS QUEL TON EST UN MORCEAU DE MUSIQUE

D. Chaque ton majeur n'a-t-il pas un ton mineur relatif?

R. Oui.

D. Quels sont les tons qui sont relatifs?

R. Ce sont ceux qui ont le même nombre de signes d'altérations à la clé.

D. Comment reconnait-on le ton majeur lorsqu'il y a des dièses à la clé?

R. En montant un degré au-dessus du dernier dièse posé à la clé.

D. Comment reconnaît-on le ton relatif mineur?

R. En descendant deux degrés au-dessous du ton majeur.

D. Dans quel ton ou dans quelle gamme est un morceau de musique lorsqu'il n'y a ni dièses ni bémols à la clé?

R. En UT majeur ou LA mineur.

D. Dans quel ton, avec un dièse?

R. En SOL majeur ou MI mineur.

D. Dans quel ton avec deux dièses?

R. En RÉ majeur ou SI mineur.

D. Dans quel ton, avec trois dièses?

R. En LA majeur ou FA dièse mineur (1).

D. Dans quel ton, avec quatre dièses?

R. En MI majeur ou UT dièse mineur.

D. Dans quel ton, avec cinq dièses?

R. En SI majeur ou SOL dièse mineur.

D. Dans quel ton, avec six dièses?

R. En FA dièse majeur ou RÉ dièse mineur.

D. Dans quel ton, avec sept dièses?

R. En UT dièse majeur ou LA dièse mineur.

D. Comment connaît-on le ton majeur lorsqu'il y a des bémols à la clé?

R. En montant quatre degrés au-dessus du dernier bémol posé à la clé.

D. Comment reconnaît-on le ton relatif mineur?

R. Comme pour les dièses, en descendant deux degrés au-dessous du ton majeur.

D. Dans quel ton est un morceau de musique avec un bémol à la clé?

R. En FA majeur ou RÉ mineur.

D. Dans quel ton, avec deux bémols?

R. En SI bémol majeur ou SOL mineur.

D. Dans quel ton, avec trois bémols?

R. En MI bémol majeur ou UT mineur.

D. Dans quel ton, avec quatre bémols?

R. En LA bémol majeur ou FA mineur.

D. Dans quel ton, avec cinq bémols?

R. En RÉ bémol majeur ou SI bémol mineur.

D. Dans quel ton, avec six bémols?

R. En SOL bémol majeur ou MI bémol mineur.

D. Dans quel ton, avec sept bémols?

R. En UT bémol majeur ou LA bémol mineur.

REMARQUE. Il est passé en habitude de dire aux élèves **qu'un morceau de** musique est dans le ton mineur lorsque la note sensible de ce ton est altérée

(1) On dit *fa dièse* parceque le *fa* est diésé à la clé.

dans les premières mesures : cette explication cependant laisse beaucoup d'incertitude, la note sensible pouvant être altérée par un dièse, un double dièse, ou bien même être remise dans son ton naturel par un bécarre. Une objection reste encore à faire, c'est que la note sensible peut être altérée sans que pour cela le morceau soit dans le ton mineur, et qu'il peut aussi être dans le ton mineur sans que la note sensible soit altérée.

EXEMPLE.

UT *majeur.*

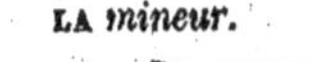

LA *mineur.*

L'élève ne saura donc bien reconnaître le ton mineur que lorsqu'il pourra s'en rendre compte en exécutant les premières mesures du morceau.

ARTICLE XIII.

DES MOUVEMENTS, DES NUANCES, ET DE QUELQUES MOTS ET SIGNES ACCESSOIRES.

D. Qu'est-ce que le mouvement.

R. C'est le degré de lenteur ou de vitesse que l'on donne à la mesure.

D. Comment indique-t-on les mouvements?

R. Par des mots italiens placés au commencement du morceau.

MOUVEMENTS.

MOTS ITALIENS.	SIGNIFICATIONS.	MOTS ITALIENS.	SIGNIFICATIONS.
Grave.	Grave.	*Sostenuto*	Soutenu.
Largo.	Lent.	*Maestoso.*	Majestueux.
Adagio.	Lent.	*Moderato.*	Modéré.
Cantabile	Lent.		

MOTS ITALIENS.	SIGNIFICATIONS.
Larghetto	Différentes nuances de mouvements modérés et gracieux.
Andante	
Andantino. . . .	
Grazioso.	
Cantabile	
Allegretto	
Tempo di marcia.	Mouvement de marche.
Simplice	Simplement.
Scherzando . . .	En badinant.
Allegro.	Gai et un peu vif.
Risoluto	Résolu.
Presto	Vif.
Prestissimo . . .	Très vif.

Ces mouvements sont quelquefois modifiés par les mots.

MOTS ITALIENS.	SIGNIFICATIONS.
Poco a poco . . .	Peu à peu.
Un poco.	Un peu.
Molto ou assai. .	Beaucoup.
Non troppo. . . .	Pas trop.
Più.	Plus.

D. Qu'entend-on par nuances?

R. Les nuances sont les différentes modifications de force ou douceur que l'on donne aux sons.

D. Comment marque-t-on les nuances?

R. Par des mots italiens que l'on écrit presque toujours par abréviation, et qui se placent dans le courant du morceau.

TERMES DE NUANCES.

MOTS ITALIENS.	ABRÉVIATIONS.	SIGNIFICATIONS.
Piano ou *dolce*.	*P* ou *dol*.	Doux.
Pianissimo	*PP*.	Très doux.
Forte	*F*.	Fort.
Fortissimo.	*FF* . . .	Très fort.
Mezzo forte	*mf* ou *mez.f* . . .	Demi-fort.
Sforzando ou *Rinforzando*	∧ *sf* ou *Rinf*. . .	En renforçant le son subitement.
Crescendo.	$<$, ou *cres*.	En augmentant le son peu à peu.
Decrescendo, ou *diminuendo*	$>$, *decres*., ou *dimin*	En diminuant le son peu à peu
Espressivo.	*espress*.	Avec expression.

DE QUELQUES MOTS ACCESSOIRES.

MOTS ITALIENS.	SIGNIFICATIONS.
Sempre	Toujours.
Fine.	Fin
In tempo.	Reprendre le mouvement.
Da capo, par abréviation *D. C.* .	Reprendre du commencement.
Ad libitum.	A volonté.

DE QUELQUES SIGNES ACCESSOIRES.

Le renvoi 𝄋 indique qu'il faut recommencer à l'endroit où il est placé.

Les barres de terminaison se mettent à la fin du morceau.

Deux barres placées dans le courant du morceau s'appellent reprises.

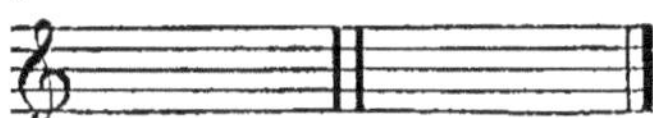

Les reprises suivies de points indiquent qu'il faut dire deux fois la section de l'ouvrage contenue entre elles.

L'accolade sert à réunir les portées.

Le point d'arrêt ou point d'orgue 𝄐 placé au-dessus d'une note ou d'un silence indique que la note ou le silence doivent être tenus un peu plus de temps que leur valeur, la mesure pendant ce temps reste suspendue, et recommence immédiatement sur la note ou le silence qui suivent le point d'arrêt.

ARTICLE XIV.

DES PETITES NOTES OU NOTES D'AGREMENT, ET DU TRILLE.

D. Que désigne-t-on sous le nom de petites notes ou notes d'agrément?

R. On appelle ainsi des notes qui n'ont pas de valeur réelle dans la mesure, et qui sont écrites en petits caractères.

D. A quoi servent les petites notes?

R. Les petites notes servent à orner la mélodie (1).

D. Combien y a-t-il d'espèces de petites notes?

R. Il y en a quatre, savoir : l'appoggiature, la petite note simple, les demi-groupes, et les groupes.

D. Qu'est-ce que l'appoggiature?

R. C'est une petite note qui se met au-dessus ou au-dessous des notes réelles de la mélodie, et à laquelle on donne la moitié de la valeur de la note qu'elle précède.

EXEMPLE :

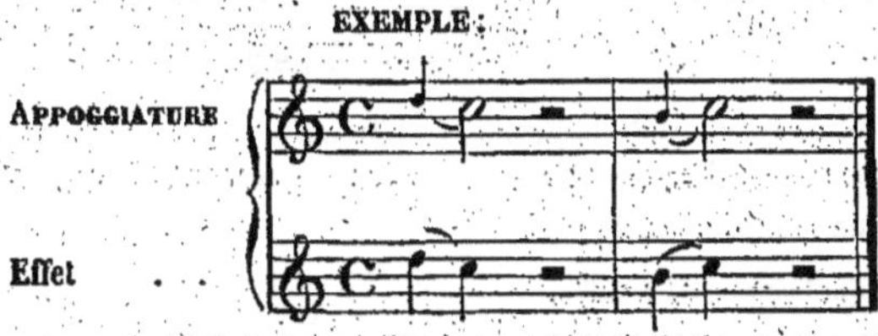

D. Qu'est-ce que la petite note simple?

R. C'est une petite note qui se met, comme l'appoggiature, au-dessus ou au-dessous des notes réelles de la mélodie, mais qui s'exécute rapidement.

EXEMPLE :

(1) On appelle Mélodie une suite de sons formant un chant.

D. Qu'est-ce qu'un demi-groupe?

R. Un demi-groupe est formé de deux petites notes qui doivent être exécutées d'un mouvement rapide.

EXEMPLE :

D. Qu'est-ce qu'un groupe?

R. C'est un assemblage de trois ou quatre petites notes qui se font avec rapidité.

EXEMPLE :

Groupe. . .

Effet. . . .

Remarque. Quelquefois le groupe est indiqué par un signe de convention dont la forme est celle-ci ∾; lorsque l'avant-dernière note du groupe doit être altérée, on l'indique ainsi : ♯∾.

D. Qu'est-ce qu'un trille?

R. Un trille est composé de deux notes placées à distance de seconde, et que l'on répète alternativement avec rapidité.

Trille. EXEMPLE :

Le Trille s'appelle aussi Cadence.

Les exemples que j'ai indiqués étant suffisants pour les jeunes élèves, je ne donnerai pas plus d'extension à cet article.

DEUXIÈME PARTIE.

PRINCIPES ÉLÉMENTAIRES DE MUSIQUE.

DEUXIÈME PARTIE.

Les principes contenus dans cette deuxième partie serviront à compléter l'éducation musicale des élèves, en satisfaisant en même temps leur curiosité sur plusieurs points intéressants de l'histoire de la musique.

Je recommande expressément de n'apprendre ces principes que lorsque ceux de la première partie seront bien sus et clairement compris.

ARTICLE PREMIER

DU NOM DES NOTES ET DE LA GAMME.

DEMANDE. Les notes de la gamme ont-elles toujours été appelées *ut, ré, mi, fa, sol, la, si?*

RÉPONSE. Non. On se servait primitivement des noms des lettres de l'alphabet : *A, B, C, D, E, F, G.*

D. A quels noms de notes ces noms de lettres correspondent-ils?

R. A la, B si, C ut, D ré, E mi, F fa, G sol.

D. Qui est-ce qui a substitué à l'usage des lettres les noms des notes usités actuellement?

R. Un moine italien appelé Gui ou Guido d'Arrezzo.

D. A quelle époque?

R. Au commencement du onzième siècle.

D. Quelle est l'origine du nom des notes de la gamme?

R. Gui d'Arezzo prit la première syllabe de six vers latins d'un hymne de saint Jean-Baptiste, d'où il tira le nom des notes jusqu'au *la*. Le nom de la note *si* ne fut usité que plus tard (1).

D. D'où vient le nom de gamme?

R. Lorsque le nom de la note *si* n'existait pas, les gammes étaient tout autrement solfiées qu'elles ne le sont maintenant. Gui d'Arezzo ayant imaginé une succession de sons commençant par *sol*, note correspondant à la lettre *G*, il appela cette succession *gamme*, parce que G se dit en grec *gamma*.

D. Le nom de gamme ne reçut-il jamais de modification?

R. Non. On se servit progressivement de successions de sons commençant par d'autres notes, mais on leur conserva le nom de *gamme* donné par Gui d'Arrezzo.

D. L'usage des lettres existe-t-il encore quelque part?

R. En Allemagne on désigne encore les notes par des lettres, et, dans tous les pays, cet usage s'est conservé pour indiquer le nom des notes dans l'intérieur des pianos, près des chevilles qui tiennent les cordes.

ARTICLE II.

DE LA PORTÉE ET DE LA VALEUR DES NOTES, DU CHANT ECCLÉSIASTIQUE OU PLAIN-CHANT.

D. Que signifie le mot portée?

R. Il signifie réunion.

(1) Voici le texte de la première strophe de cet hymne de saint Jean-Baptiste.

UT queant laxis
REsonare fibris,
MIra gestorum
FAmuli tuorum
SOLve polluti
LAbii reatum.

En solfiant, on remplace maintenant le mot **UT** par la syllabe **DO**, parce que cette syllabe est d'une prononciation plus facile et fait mieux sortir la voix.

D. La portée a-t-elle toujours été composée de la réunion de cinq lignes ?

R. Non. Les notes furent indiquées d'abord par des lettres, comme il a été dit plus haut, puis ensuite par des points placés sur huit lignes horizontales; on réduisit le nombre de ces lignes à quatre, en se servant des interlignes, puis enfin on le fixa à cinq.

D. Les différentes valeurs de notes ont-elles toujours été indiquées par les noms de *ronde, blanche, noire, croche, double-croche, triple-croche, etc.*

R. Non. On employait primitivement des valeurs de notes appelées *maxime, longue, brève, semi-brève* et *minime.*

D. Quel est le genre de musique, actuellement en usage, dans lequel on retrouve encore de ces valeurs?

R. Dans le chant ecclésiastique appelé ordinairement *plain-chant.*

D. Qu'est-ce que le plain-chant?

R. C'est le chant employé dans le rituel de l'église romaine.

REMARQUE. Le *plain-chant* est un reste de la musique des Grecs, il est écrit sur quatre lignes et on n'y emploie que deux valeurs, la *longue* et la *brève.*

Ces valeurs correspondent aux syllabes longues et brèves du texte latin.

Dans la musique moderne, surtout dans la musique sacrée, on emploie encore quelquefois la maxime ou note carrée : ▭

ARTICLE III.

DES CLÉS (1) ET DE LEUR RAPPORT AVEC LES VOIX. — DENOMINATIONS DES VOIX D'HOMMES ET DE FEMMES.

D. Y a-t-il d'autres clés que les clés de *sol,* d'*ut,* et de *fa?*

R. Non.

(1) On pense que les formes des clés de *sol* 𝄞, d'*ut* 𝄡 et de *fa* 𝄢 ont été empruntées aux lettres gothiques 𝕲 𝕮 𝕱 qui désignaient alors les notes *sol, ut, fa.*

D. Sur quelles lignes de la portée se placent ces clés?

R. La *clé de sol*, sur la première et sur la deuxième ligne

La *clé d'ut* sur la première, deuxième, troisième et quatrième ligne.

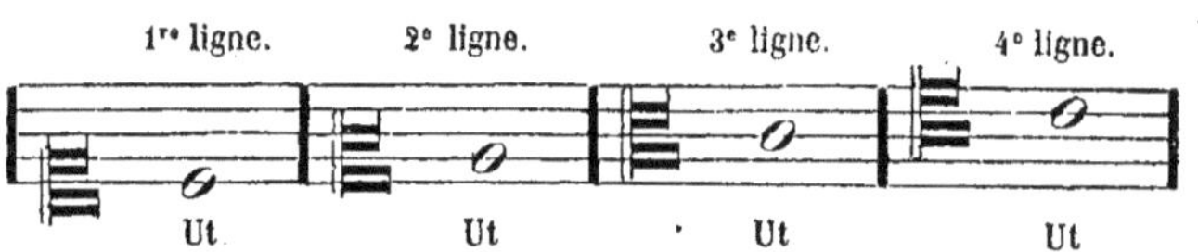

La *clé de fa*, sur la troisième et la quatrième ligne.

REMARQUE. La boucle de la *clé* de *sol* placée sur la première et la deuxième ligne indique que la note posée sur ces lignes s'appelle *sol*. Le milieu de la *cle d'ut,* indiquant la première, deuxième, troisième et quatrième ligne, signifie que la note placée sur ces lignes s'appelle *ut*. Les deux points de la *clé* de *fa*, indiquant la troisième et la quatrième lignes, signifient que la note placée sur ces lignes s'appelle *fa*.

D. A quoi servent ces différentes clés?

R. A déterminer le nom des notes d'après leur position et à indiquer ainsi sur la portée les sons aigus, ceux du médium, et les sons graves?

D. Comment s'appellent les voix allant graduellement de l'aigu au grave?

R. Les voix d'hommes, en allant de l'aigu au grave, s'appellent:

Haute-contre.
Ténor.
Baryton.
Basse-taille.

Les voix de femmes s'appellent:

Soprano.
Mezzo-soprano.
Contre-alto.

D. De quelles clés se servait-on autrefois pour écrire ces voix?

R. De la clé d'*ut* quatrième ligne, pour la haute-contre et le ténor.

De la clé de *fa* troisième ligne pour le baryton.

De la clé de *fa* quatrième ligne pour la basse-taille.

De la clé d'*ut* première ligne pour le soprano et le mezzo-soprano.

De la clé d'*ut* troisième ligne pour le contre-alto.

D. De quelles clés se sert-on, maintenant, pour écrire ces voix?

R. De la clé de *sol* deuxième ligne pour le ténor, le soprano, le mezzo-soprano et le contre-alto.

De la clé de *fa* quatrième ligne pour le baryton et la basse-taille. La voix de haute-contre se confond maintenant avec celle de ténor.

ARTICLE IV.

DE LA MESURE, DU RHYTHME. — DES MESURES SIMPLES ET COMPOSÉES.

D. La musique a-t-elle toujours été astreinte à une division exacte des valeurs?

R. Non. On ne donnait de valeur aux notes que relativement aux syllabes longues et brèves, et leur plus ou moins de durée, indiquée d'ailleurs par les longues et les brèves, dépendait du sentiment de l'exécutant.

D. Qu'est-ce qui a amené la nécessité de diviser la mesure régulièrement ?

R. La complication graduelle de la musique.

D. Qu'est-ce que le rhythme ?

R. C'est la division régulière de la mesure.

D. Quel est le rapport des valeurs de notes avec les chiffres dont on se sert pour indiquer les différentes mesures ?

R. Le chiffre 1 représente la ronde.
Le chiffre 2 — la blanche.
Le chiffre 4 — la noire.
Le chiffre 8 — la croche.
Le chiffre 16 — la double-croche.

D, Peut-on diviser les mesures en plusieurs classes ?

R. Oui. On divise les mesures en deux classes : les *mesures simples* et les *mesures composées*.

D. Qu'est-ce qu'une mesure simple ?

R. C'est une mesure dont les temps peuvent se diviser par deux parties égales.

D. Qu'est-ce qu'une mesure composée ?

R. C'est une mesure dont les temps peuvent se diviser par trois parties égales.

D. Quels sont les noms des mesures simples à quatre temps, et comment les chiffre-t-on ?

MESURES SIMPLES A QUATRE TEMPS.

R. Mesure à *quatre-un*, lorsque le temps est composé d'une ronde.

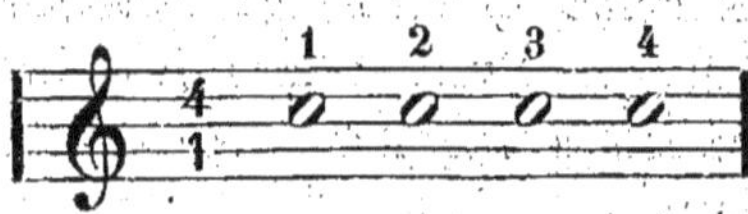

Mesure à *quatre-deux*, lorsque le temps est composé d'une blanche

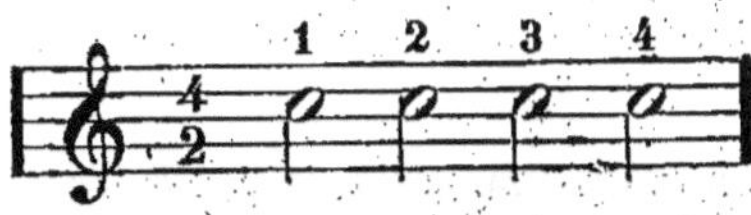

Mesure à *quatre-quarts*. lorsque le temps est composé d'une noire:

Cette dernière mesure se chiffre maintenant, de préférence, par **C**, et s'appelle, par abréviation, mesure à quatre temps.

D. Quels sont les noms des mesures simples à trois temps et comment les chiffre-t-on?

MESURES SIMPLES A TROIS TEMPS.

R. Mesure à *trois-un*, lorsque le temps est composé d'une ronde,

Mesure à *trois-deux*, lorsque le temps est composé d'une blanche.

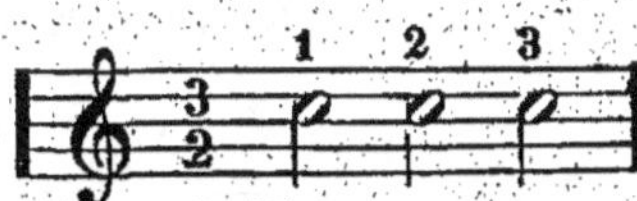

Mesure à *trois-quatre*, lorsque le temps est composé d'une noire,

Mesure à *trois-huit*, lorsque le temps est composé d'une croche.

D. Quels sont les noms des mesures simples à deux temps, et comment les chiffre-t-on?

MESURES SIMPLES A DEUX TEMPS.

Mesure à *deux-un*, lorsque le temps est composé d'une ronde.

Mesure à *deux-deux*, lorsque le temps est composé d'une blanche.

Cette mesure se chiffre maintenant par un 2 seul, ou un 𝄵, on l'appelle mesure large à deux temps.

Mesure à *deux-quatre*, lorsque le temps est composé d'une noire.

REMARQUE. Dans les mesures simples, le chiffre supérieur indique le nombre des temps, et le chiffre inférieur, leur valeur.

D. Quels sont les noms des mesures composées dérivant des mesures simples, et comment les chiffre-t-on?

MESURES COMPOSÉES A QUATRE TEMPS.

R. Mesure composée à quatre temps appelée *douze-quatre*, dérivant de la mesure à quatre temps appelée quatre-deux,

Mesure à douze-quatre (composée).

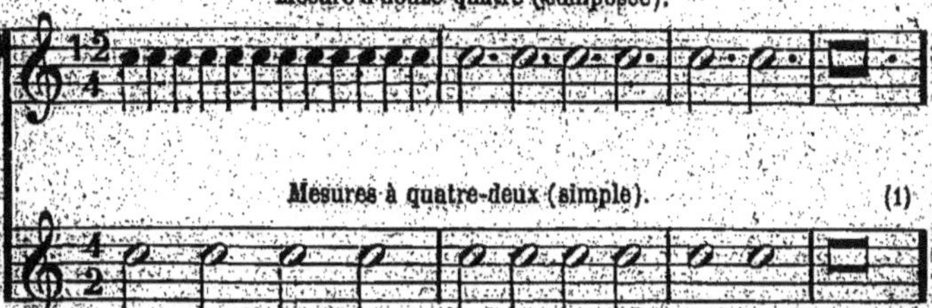

Mesures à quatre-deux (simple). (1)

Mesure composée à quatre temps appelée *douze-huit*, dérivant de la mesure simple à quatre temps.

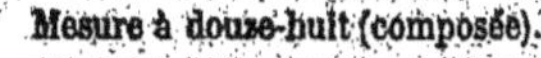

Mesure à douze-huit (composée).

Mesure à quatre temps (simple).

MESURES COMPOSÉES A DEUX TEMPS.

Mesure composée à deux temps appelée *six-deux*, dérivant de la mesure simple à deux temps appelée deux-un.

Mesure à six-deux (composée).

Mesure à deux-un (simple).

(1) Dans la musique moderne, la note carrée vaut deux rondes.

Mesure composée à deux temps appelée *six-quarts*, dérivant de la mesure simple à deux temps.

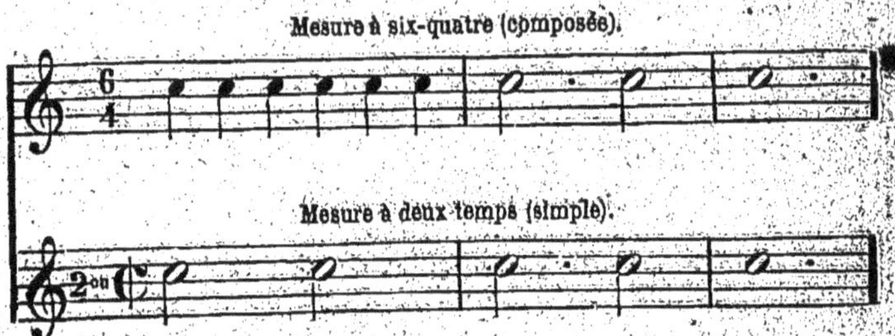

Mesure composée à deux temps appelée *six-huit*, dérivant de la mesure à deux temps appelée deux-quatre.

Mesure composée à deux temps appelée *six-seize*, dérivant de la mesure rapide à deux temps appelée deux-huit.

MESURES COMPOSÉES A TROIS TEMPS.

Mesure composée à trois temps appelée *neuf-deux*, dérivant de la mesure simple à trois temps appelée trois-un.

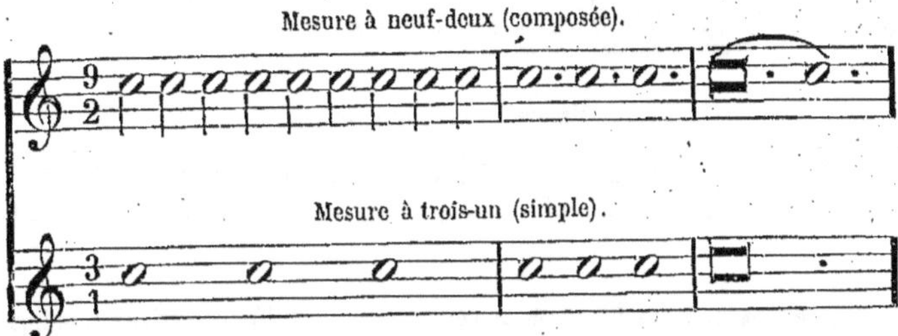

Mesure composée à trois temps appelée *neuf-quatre*, dérivant de la mesure simple à trois temps appelée trois-deux.

Mesure composée à trois temps appelée *neuf-huit*, dérivant de la mesure simple à trois temps appelée trois-quatre,

Mesure composée à trois temps appelée *neuf-seize,* dérivant de la mesure simple à trois temps appelée trois-huit.

REMARQUE. Dans les mesures composées, le chiffre supérieur n'indique point le nombre des temps; mais de même que dans les mesures simples, le chiffre inférieur indique la valeur de chaque temps.

D. Toutes les mesures indiquées précédemment sont-elles encore usitées?

R. Non. Les mesures ayant les plus longues valeurs étaient employées autrefois, parce que la musique s'exécutait généralement dans un mouvement lent; on a employé par degrés les mesures ayant des valeurs plus brèves. Cependant, par exception, on se sert encore quelquefois, dans la musique moderne, des mesures ayant de longues valeurs.

ARTICLE V.

DES DIFFÉRENTES QUALIFICATIONS DONNÉES AUX INTERVALLES

D. Chaque intervalle peut-il se présenter sous plusieurs aspects?

R. Oui. Les intervalles peuvent avoir plusieurs aspects.

D, Chaque nouvel aspect donné à un intervalle est-il qualifié par une dénomination particulière?

R. Oui.

D. Quelles sont les dénominations des intervalles et de combien de tons et de demi-tons sont-ils composés?

SECONDES.

R. Seconde mineure, un demi-ton; seconde majeure, un ton; seconde augmentée, un ton et demi.

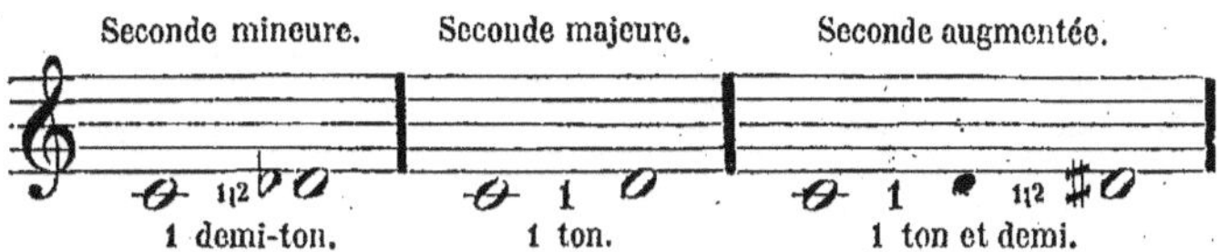

TIERCES.

Tierce diminuée, deux demi-tons; tierce mineure, un ton et un demi-ton; tierce majeure, deux tons; tierce augmentée, deux tons et un demi-ton.

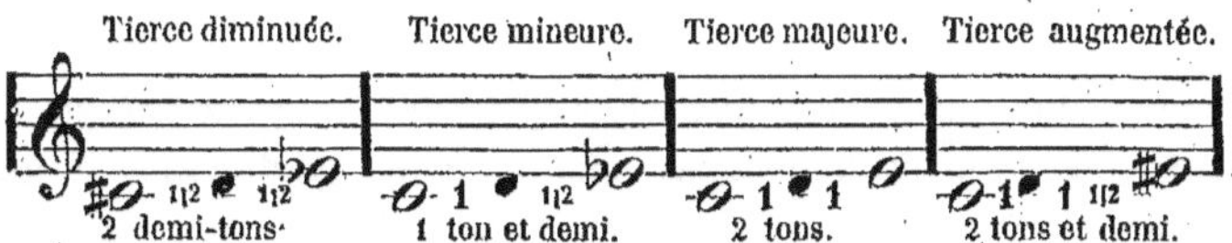

QUARTES.

Quarte diminuée, un ton et deux demi-tons; quarte juste, deux tons et demi; quarte augmentée ou triton, trois tons.

QUINTES.

Quinte diminuée, deux tons et deux demi-tons; quinte juste, trois tons et demi; quinte augmentée, trois tons et deux demi-tons.

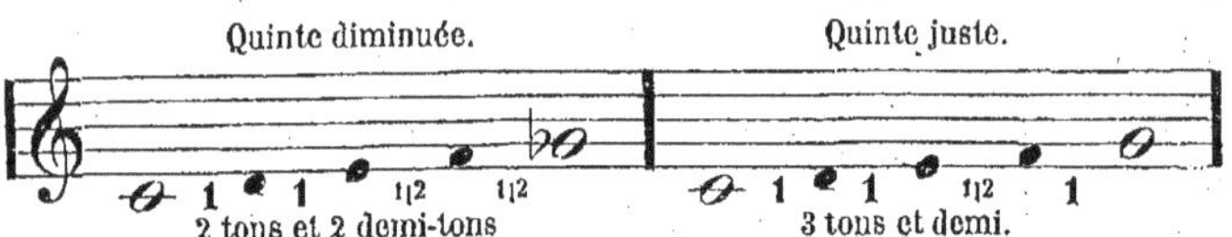

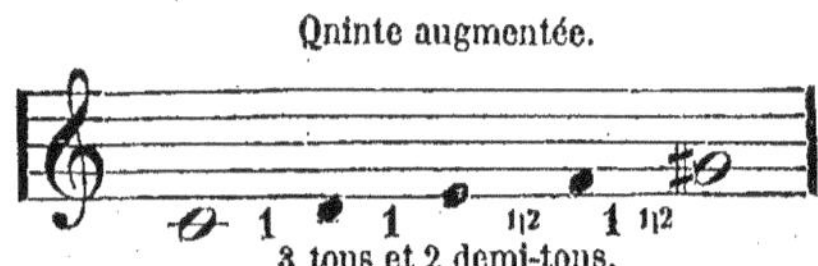

SIXTES.

Sixte diminuée, deux tons et trois demi-tons; sixte mineure, trois tons et deux demi-tons; sixte majeure, quatre tons et un demi-ton; sixte augmentée, quatre tons et deux demi-tons.

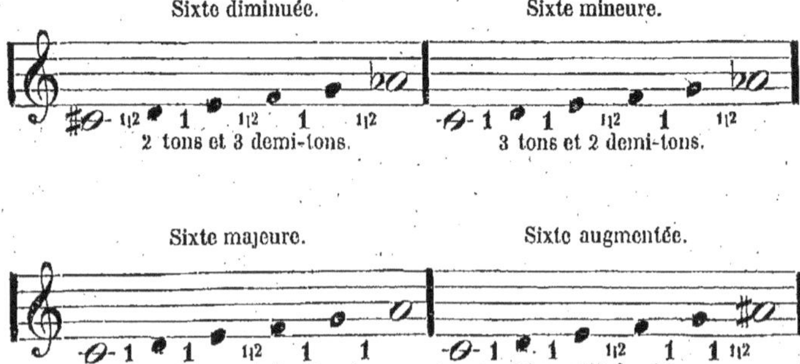

SEPTIÈMES.

Septième diminuée, trois tons et trois demi-tons; septième mineure, quatre tons et deux demi-tons; septième majeure, cinq tons et un demi-ton.

OCTAVES.

Octave juste composée de cinq tons et deux demi-tons.

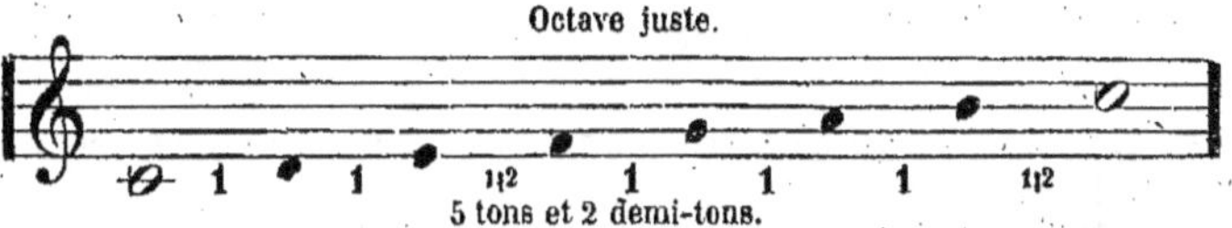

Ou fait usage quelquefois, mais très-rarement, de l'octave diminuée, composée de quatre tons et trois demi-tons, ainsi que de l'octave augmentée, composée de six tons et un demi-ton.

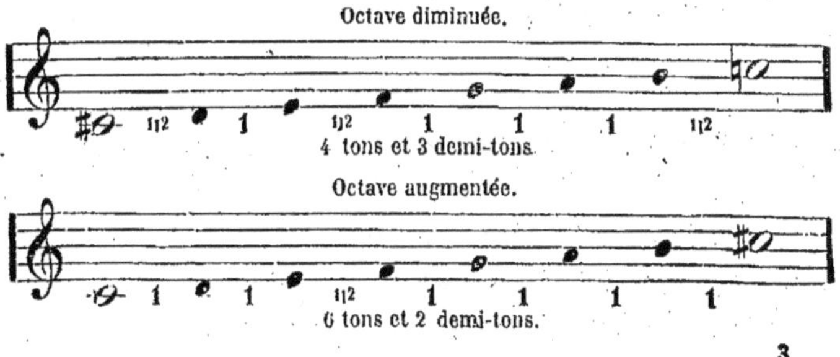

REMARQUE. Les intervalles peuvent être redoublés à l'octave et prennent alors les noms de

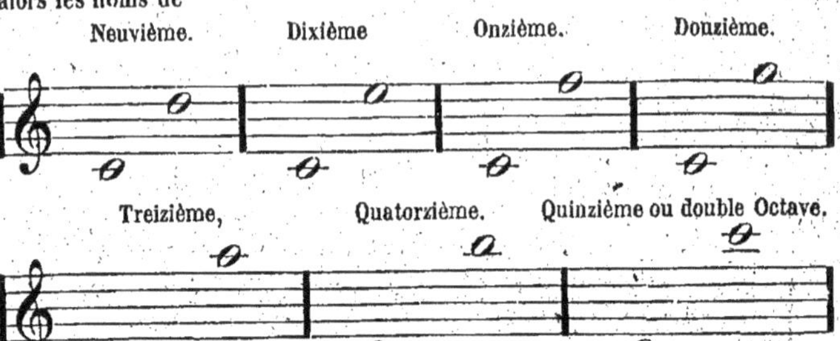

on peut même tripler et quadrupler ces intervalles, non avec la voix qui est très-limitée, mais avec certains instruments.

Toutefois, ces extensions ne sont jamais que les répliques des sept intervalles contenus dans la gamme.

2e **REMARQUE.** Lorsqu'on vérifie les intervalles sur le clavier du piano, il faut faire la plus grande attention à ne pas confondre ensemble certains d'entre-eux; ainsi, la seconde augmentée *ut* naturel et *ré* dièse s'exécute sur les mêmes touches que la tierce mineure *ut* naturel et *mi* bémol.

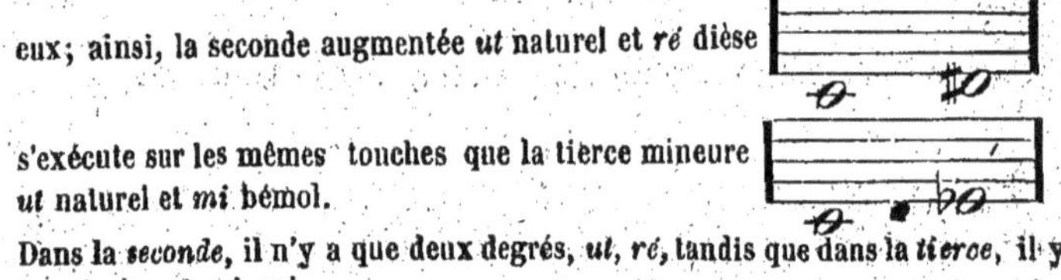

Dans la *seconde*, il n'y a que deux degrés, *ut*, *ré*, tandis que dans la *tierce*, il y en a trois, *ut*, *ré*, *mi*.

La même observation subsiste pour les intervalles suivants :

ARTICLE VI.

DES GENRES DIATONIQUE, CHROMATIQUE ET ENHARMONIQUE. — DU DEMI-TON DIATONIQUE ET CHROMATIQUE.

D. Qu'est-ce que le genre diatonique ?

R. C'est celui qui procède par tons et demi-tons comme les gammes diatoniques majeures et mineures.

D. Qu'est-ce que le genre chromatique ?

R. C'est celui qui procède seulement par demi-tons.

D. Qu'est-ce qu'un demi-ton diatonique ?

R. Le demi-ton diatonique est celui qui existe entre deux notes changeant de nom, comme par exemple : *si ut*, ou *sol la* bémol.

Demi-tons diatoniques.

D. Qu'est-ce qu'un demi-ton chromatique?

R. Le demi-ton chromatique est celui qui existe entre deux notes ne changeant pas de nom, comme par exemple : *ut* naturel et *ut* dièse (1).

Demi-ton chromatique.

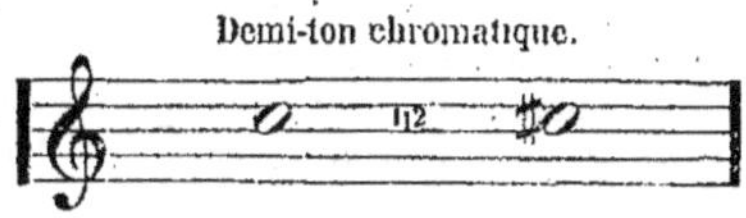

D. Qu'est-ce que le genre enharmonique?

R. C'est celui qui consiste à faire entendre deux notes, qui, sur le clavier du piano, sont les mêmes, et cependant changent de nom, comme par exemple : *la* dièse et *si* bémol.

Genre enharmonique.

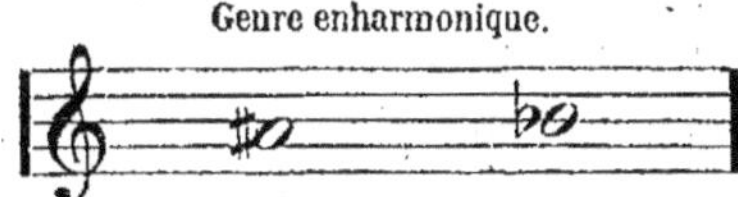

REMARQUE. La musique moderne est basée sur le genre *diatonique*. Les genres *chromatique* et *enharmonique* ne sont employés que passagèrement. Un *passage enharmonique* ne se produit que très-rarement et s'appelle une *enharmonie*.

(1) On appelle le *demi-ton diatonique*, demi-ton *majeur*, et le *demi-ton chromatique*, demi-ton *mineur*.

ARTICLE VII.

DE LA VOIX ET DE L'EFFET DE LA MUE SUR L'ORGANE VOCAL

D. Quelle est la voix des jeunes garçons jusqu'à l'âge de quatorze ou quinze ans?

R. La voix de soprano.

D. Quel est, sur la voix, l'effet de la mue?

R. La mue change le diapason de la voix des jeunes garçons, et les fait chanter sans qu'ils s'en doutent, une octave au dessous de ce qui est écrit; à partir de ce moment, la voix de soprano devient voix de ténor ou de basse-taille.

REMARQUE. La mue, pour les voix de femmes, est fort peu de chose en général, elle n'en change que la nature du timbre. Chez les jeunes gens, elle amène une grande perturbation dans l'organe vocal, qui, le plus souvent, reste rauque et enroué pendant un an ou deux. Il est très-essentiel, pendant le temps où s'opère ce travail de la nature, de ne chanter qu'avec de grands ménagements. Si la mue est très-forte, il ne faut pas chanter du tout.

ARTICLE VIII.

DE LA DIFFÉRENCE QUI EXISTE ENTRE SOLFIER ET CHANTER.

D. Qu'est-ce que solfier?

R. C'est nommer les notes, en leur donnant leurs intonations et leurs valeurs réglées par la mesure.

D. Qu'est-ce que l'art de chanter?

R. C'est faire usage de la voix, en suivant de certaines règles.

D. On ne peut donc pas dire que l'on sait chanter, lorsque l'on a appris à solfier?

R. Non, car ce sont deux choses très-distinctes, malgré le rapport qu'elles ont entre elles.

D. Comment s'appelle l'étude par laquelle on commence à apprendre l'art de chanter?

R. La vocalisation.

ARTICLE IX.

DE LA VOCALISATION, DE L'ÉMISSION DU SON, DE LA RESPIRATION.

D. Qu'est-ce que vocaliser?

R. C'est chanter sans nommer les notes.

D. De quel moyen se sert-on pour chanter sans nommer les notes?

R. On substitue au nom des notes la voyelle *a*. Exemple :

Passage solfié,

Passage vocalisé.

D. Pourquoi emploie t-on de préférence la voyelle *a*?

R. Parce qu'elle est la plus favorable à l'émission du son.

D. Qu'est-ce que l'émission du son?

R. C'est sa formation ou plutôt la manière plus ou moins bonne dont on le fait sortir de la poitrine et du gosier.

D. Quelles sont les meilleures conditions pour émettre un son?

R. C'est de le faire sortir dans toute sa plénitude, sans cependant le forcer, et sans chanter du nez ni de la gorge.

D. De quelle manière doit-on respirer en vocalisant?

R. Il faut respirer sans effort et sans bruit et, le plus posible, ne le faire que lorsque l'on rencontre un silence. Si l'on est obligé de respirer autrement que sur un silence, on doit faire en sorte que la mesure n'en souffre pas.

Exemple :

D. A quoi sert l'étude de la vocalisation?

R. L'étude de la vocalisation, qui est l'intermédiaire entre l'étude du solfége et celle du chant, a pour but de former la voix, de la poser et de l'assouplir.

D. Qu'entendez-vous par former et poser la voix ?

R. Former la voix, c'est lui donner une bonne qualité ou une bonne émission, ce qui a été expliqué plus haut. On pose la voix en l'exerçant sur des sons lents et soutenus, augmentés ou diminués graduellement de force. Exemple.

D. Comment assouplit-on la voix?

R. En l'exerçant à bien faire entendre toutes les notes, dans des passages d'un mouvement progressivement accéléré.

Exemple : etc.

REMARQUE. L'art de la vocalisation contient de grandes difficultés, la pratique seule peut les faire connaître, et il n'est possible de s'en rendre un compte exact qu'en travaillant les méthodes spéciales de chant.

ARTICLE X.

DU CHANT AVEC PAROLES.

D. Par quelle étude termine-t-on l'art de chanter?

R. Par l'étude du chant avec paroles.

D. Comment indique-t-on les paroles en même temps que la musique?

R. En écrivant les paroles sous la musique, et en plaçant chaque syllabe sous la note qui lui est correspondante. Exemple :

D. Dans quel but unit-on les paroles à la musique?

R. Afin de donner plus de force et d'expression aux paroles.

D. Quelles sont les principales règles à observer lorsqu'on chante des paroles avec la musique?

R. D'abord de prononcer distinctement, ensuite de bien respirer, et enfin de rendre avec justesse l'expression des paroles.

D. Qu'entendez-vous par prononcer distinctement?

R. Pour prononcer distinctement, il faut bien articuler chaque syllabe et donner aux voyelles leur véritable son ; ainsi, ne pas dire *âmitié* pour amitié, *féblesse* pour faiblesse, etc. Il faut aussi faire la plus grande attention à ne pas terminer les *e* muets en *o*, comme par exemple : tendresso pour tendresse.

D. Qu'entendez-vous par bien respirer?

R. C'est-à-dire ne pas couper un mot par la respiration, et attendre, pour reprendre haleine, que les paroles offrent un repos.

D. Qu'est-ce que rendre avec justesse l'expression des paroles?

R. Rendre avec justesse l'expression des paroles, c'est se pénétrer de leur sens et leur donner assez de relief pour toujours intéresser ou émouvoir.

REMARQUE Il ne suffit pas, pour bien chanter, d'avoir beaucoup de voix; une voix médiocre, si l'on sait la conduire avec art, fera toujours plus d'effet qu'une belle voix dont on ne saurait tirer parti.

L'art de chanter demande donc de grandes études, et, soit que l'on ait peu ou beaucoup de voix, il n'en faut pas moins un travail long et assidu pour devenir un véritable artiste.

Musique typographique de TANTENSTEIN 8, rue Toullier.

ANCIENNE MAISON MEISSONNIER

(COMPAGNIE MUSICALE)

EXTRAIT DU CATALOGUE

DE

E GÉRARD ET Cie, RUE DE LA CHAUSSÉE D'ANTIN N° 1.

AU COIN DU BOULEVART DES CAPUCINES.

MÉLODIES ET ROMANCES

DONT LES PAROLES PEUVENT CONVENIR AUX PENSIONS.

L. ABADIE.

Bon cœur porte bonheur.
Une branche fleurie.
Le Centenier.
La Chanson du berger.
La Conversion de saint Paul
La jeune Fille et le Nid.
Le Miracle des roses.
Loin du Bruit des villes.
Les Rosiers du Presbytère.
Secret de jeune fille.
L'Ange des Mansardes.

A. D'ADHÉMAR.

Le doux Nom de Marie.
Gabao le Noir.
Secours au proscrit.

L. AMAT.

Le Billet de logement
Dieu pour compagnon.
La Prière du Matelot.
La Sainte-Beaume.

V. ARAGO.

C'est prêter au Seigneur.
La Fauvette de la charmille
Le Grelot de ma chèvre.

ET. ARNAUD.

L'Ange des prairies.
La Bohémienne.

ET. ARNAUD.

Le Buis béni.
Conte de Fée.
L'Enfant-Dieu.
Fleur de la Madone.
Le Guide du glacier
Le Mois de Marie.
La résignation de Job.
La Tricoteuse de Jésus.

ARTUS.

Lou-Lou.

AUDRAN.

L'Enfant et L'Oiseau.
L'Aveugle et son chien.

BÉANCOURT.

Les Couplets de la mouche, dans les *Sept Châteaux du Diable*.

A. DE BEAUPLAN.

L'Ange et l'enfant.
Le Concert sur l'Eau.
L'Enfant naufragé.
Le Retour au Châlet.
Souvenirs du pays.

F. BÉRAT.

Le Mouton perdu.
Les Souvenirs d'enfance.

A. BOIELDIEU.

Claire au tombeau de sa mère.
La Fête du ciel.
Ni larmes ni regrets.
Le Pélerin de Saint-Just.
Prions.
La Sainte Rosée.

L. BORDÈSE.

A cheval! à cheval!
La Batelière du lac.
La Bergère des Alpes.
Charlotte Corday.
Chimène.
Clotilde, reine des Francs.
Le Départ du châlet.
Jane Grey.
Jeanne d'Arc à Rouen.
La Reine des châlets.
Le Retour au châlet.
Le Rêve d'or.
La Vierge de Vaucouleurs.

BOULANGER-KUNZÉ.

Je vais revoir ma mère.
Jouez parmi les fleurs.
Pâques fleuries.
Pays, mes amours.
Petit enfant joyeux.
Plus de bonheur sans toi.

BRUGUIÈRE.

Les Adieux à la Suisse.
Le Chant du ménestrel.
Hymne à Marie.
Le Mal du pays.
Notre-Dame-de-la-Garde.
Notre-Dame-des-Douleurs.
L'Oiseau en cage.
Les petits orphelins.
La première leçon de danse.
Rendez-moi mon léger bateau.
Le Retour des pêcheurs.
Le Retour du vieux soldat.
Souvenirs de la Suisse.
Les Vacances.

BURGMULLER.

L'Ange consolateur.
Doux Souvenirs.
Julie.
La Fille de l'exilé.
Sauvez mon frère.
Sur toi je veille.
Tant que l'étoile brille.

P. CENTEMERI.

Le Pauvre.
Le Ramier.
Le Temple.

CHÉROUVIER.

Les Anges de la terre
Le Retour des cloches.

L. CLAPISSON.

A quel âge est-on grande?
L'Arbre de Noël.
La Bête à bon Dieu.
Le Bonheur du foyer.
Le Buis béni.
Ce que chante la rose.
Les Chansons de la nuit.
Le Chant du grillon.
Les Châteaux de cartes.
Le Clocheteur de nuit.
La Croix du chemin.
Dansez, enfants.
Dans les bois.
Deux enfants.
Le Dimanche des Rameaux.
L'Enfant et l'Abeille.
L'Enfant de chœur.
Faire le bien.
Fifi Nicole.
Le Hochet.
Hanneton, vole! vole! vole!
Histoire d'un sou.
Jeanne s'amuse en chemin.
Le Langage des cloches.
Le Livre de prières.
La Mère de famille.

L. CLAPISSON

Mon âme à Dieu, mon cœur à toi.
La Mort d'une fleur.
Les Oiseaux de Notre-Dame
Les Oiseaux du Paradis.
Où vont les nuages?
Les Pèlerines.
Le Parrain d'une cloche.
La Prière et le Travail.
Les Primeurs de la vie.
Le Ramoneur au soleil.
Le Rêve d'un enfant.
Le Réveil du jour.
Le Rossignol et la Guitare.
Souvenirs des montagnes.
Les Souvenirs du foyer.
Le Travail de Dieu.
Trois Enfants.
Tout chante et bénit Dieu.
Une Chanson dans un nid.
Une Lettre au pays.
Un tout petit roi.
La Visite du bonheur.
La Visite d'un petit oiseau.
La Voix de l'absence.

H. COLLIN.

Ave Maria.
Fleur de mai.

H. COHEN.

Adieu Paris.

F. DAVID.

L'Amitié.
Le Captif.
Chanson du mousse, de *Christophe Colomb.*
Cri de charité.
De Cri du Bosphore.
Dormez, Marie.
En chemin.
L'Etoile du pêcheur.
La Fleur et l'Oiseau-mouche
Gronde, Océan.
Le Jour des morls.
La Mère indienne, extraite de *Christophe Colomb.*
Le Mourant.
Le Rhin allemand.

P. DEFFÈS.

En écoutant avec son cœur.

E. DELISLE.

Demande et Réponse.
Deux Roses.

M. DELOCHE.

L'Enfant de la montage.

P. DERVÈS.

Fleur des cieux.

DESROQUES.

Le Rosaire perdu.

DONIZETTI.

Le Croisé.
Dernière nuit d'un novice.
Longue douleur.
La Mère au berceau de son fils.
Un Jour en mer.

Mme DUCHAMBGE.

Les Cloches du couvent.
Mon pays.
Notre madone.
L'Oreiller d'une petite fille.
Le Rêve du mousse.

P. DUPONT.

L'Incendie (chant des Pompiers.)

G. DUPREZ.

Le Chant du pauvre.
Eglantine.
La Fille du geôlier.

E. DURAND.

Les Deux Orphelins.
Les Noms propres.

G. EICHEL.

L'Étoile
Ma Violette.
La Moissonneuse.

FLOTOW.

Divine reine.
Enfantine.

DE FOLLY.

L'Age d'or.

E. DE FONSCOLOMBE.

Le Chant des bonnes.

GARCIA.

Dors, mon enfant.
La Leçon du rossignol.

L. GATAYES.

Le Sommeil de l'Enfant.

A. DE GROOT.

Soupir.

GRISAR.

L'Arrivée du régiment.
L'Enfant du chasseur.
Mon beau rouet, que filez-vous?

GUDAL.

Célina.
Le Rossignol d'hiver.

F. HALÉVY.

Prière du soir.

G. HOUCHARD.

Souvenirs d'une mère.

JANSENNE.

L'oreiller d'une petite fille.

KREUTZER.

L'Enfant du pauvre.

TH. LABARRE.

Le Baiser d'une mère.
Ce qui rend les anges joyeux.

P. LAGARDE.

La Première Hirondelle.
Le Testament d'Ali.
Les Trois Filles du ciel.

P. LAMOTTE.

L'Esclave des Florides.
Les Fleurs du pays natal.
Le Prophète.

LAZERGES.

Les Feuilles jaunes.
Hallali.
Le Printemps et l'Automne.
Le Vieillard et les Enfants.

LÉPINE.

C'est ma mère.
La Jeune Berceuse.

LHUILLIER.

Les Bijoux d'une mère.
La Chanson du curé.
Chanter, c'est ma vie.
La Clé du paradis.
La jeune Marraine.
Le Moulin à paroles.
Le Pastel de ma grand'mère
Qui donne aux pauvres prête à Dieu.
Un Ami vrai.
Un Bal d'enfants.
Une Dame patronesse.

A. LIMAGNE.

L'abbé Denis.
Le Cheval et le Loup.
Mon petit Frère.

N. LOUIS.

Le Proscrit

F. LUÇON.

Boule de neige.
Le Petit Pâtre.

F. MASINI.

L'Ange du voyageur.
Le Calme.
Le Départ de l'hirondelle.
Le Départ du marinier.
Dis-moi qu'ils ont menti.
La Fête du curé.
La Folle aux cailloux.
Les Jeunes Filles.
Je veux rester enfant.
Le Langage des fleurs.
Le Muguet.
L'Orpheline.
Petit Ange rose.
Plus heureux qu'un roi.
Le Rossignol du foyer.
Seul.
Un vieux Soldat.

E. MAYER.

Dieu te récompensera.
Les Echos de la Baltique.
Grandis, enfant!

L. MÉNARD.

La Plainte de l'Aveugle.

F. MICHEL.

Il dort
Ne cueillez pas les fleurs.
Ne grandis pas.
Ouvrez.
Plus tard je vous dirai pourquoi.

G. DE MOMIGNY.

Enfant, songe à ta mère.
Il est un Dieu.
Paquerette au champs.
Les Petits Bûcherons.
Ta mère est là.

L.-D. DE MOMIGNY.

Laisse là ton miroir.

H. MONPOU.

Les deux Archers.
Deux Chansons.
Enfant, dis-moi ta romance
Exil et retour.

MONTFORT.

Reine du ciel, prière de la Sainte-Cécile.

A. MOREL.

L'Avalanche.
Chanson du faucheur.
Le Chrétien mourant.
Le Condamné.
Elégie à l'enfant.
Les Enfants et les Anges.
Le Fils du Corse.
L'Horloge de la nourrice.
J'ai perdu ma tourterelle.
Madeleine.
N'oublions pas qu'ils sont nos frères.
La Vierge de Guérande.
Le Berceau.

O'KELLY.

Chantez toujours.
Un Ange.
Les Etoiles.
La Fille du ciel.
Les Frères soldats.
Le Papillon.
Un Souvenir.

PAER.

Exil et Patrie.

A. PANSERON.

Allons danser sur la colline
Le Chevrier de la Montagne
Dans une heure je vais danser.
La Fête de la Madone.
Le Retour au Tyrol.

Mlle F. PANSERON.

La Balancelle.

PLANTADE.

Le Chant du Berceau
La Coquette.
Prière à la Vierge.

T. POISSON.

La Fille du pêcheur.

PONCHARD.

Dieu pense à tout.
Le Mal du Ciel.
Viens, ma sœur.

POTHARST.

Le sauver ou mourir.

Mlle L. PUGET.

L'Aigle.
A la grâce de Dieu.
L'Ange de la montagne.
Ave Maria.
La Bayadère.
La Bénédiction d'un père.
Le Berger de la montagne.
Le Bonhomme Dimanche.
La Bonne Providence.
Les Chants de ma Provence
Le Clocher de mon village.
La Crèche.
La Dot d'Auvergne.
L'Enfant aux colombes.
La Fête-Dieu.
La Fleur du ciel.
L'Herbagère et les gens du du roi
Les Honneurs partagés.
Jeune fille à quinze ans.
Le Juif errant.
Ma Chevrette.
Ma Colombe.
Ma pauvre grand'mère.
Mater Dolorosa.
Matines.
Mes rêves de jeu ne fille.
Mon pays.
Mon Rocher de Saint-Malo.
Ne quittez jamais votre mère.
Notre-Dame de la Mer.
La Pauvre Fille.
Le Pêcheur breton.
Père et pêcheur.
Plus de mère.
La Presse des matelots.
La Prière au Saint-Bernard

Mlle L. PUGET.

La Reine des fous.
La Retraite.
Le Rêve de Marie.
Le Rêve du pays.
Le Roi de la mer.
Le Tour de France.
Une Députation de demoiselles.
Les Yeux d'une mère.

QUIDANT.

L'Ami de l'enfant.
En mer.
L'Etang.
Ma Barque.
Ma Goëlette.
Petit Enfant.
La Sorcière.
Le Travail rend heureux.

REYER.

Le Sorcier du Rhin.

E. P. ROLLY.

Enfants, n'effeuillez pas les roses.

Mme RONDONNEAU.

Adieu, Savoie.
La Mort du Pâtre.
La Prière des pêcheurs.

P. SAIN D'AROD.

Consolations à la fleur.

A. SAINT JULIEN.

Après la bataille.

M. SANTA COLOMA SOURGET.

A une jeune fille.
Chante, Madeleine.

A. SCARD.

Chantez, oiseaux du ciel.
L'Enfant égaré.
La Fiancée du Pâtre.
La Fille du soldat.
L'Idiote.

P. SCUDO.

Les Deux Anges.
Ecoutez, la cloche sonne.

A. THYS.

La Fête de l'église.
La Gentille Fermière.
Le Pêcheur napolitain.

Mlle THYS.

Jeunes filles et papillons.

F. TOURTE.

Dans la main de Dieu.

VACCAJ.

L'Ave Maria des pèlerins.

Mlle DE VAREZ.

Dors doucement, petit enfant.
Mélancolie.
Plainte aux hirondelles.
Le Vanneur.

A. VARNEY.

Etrennez-moi.

VERVOITTE (AINÉ).

Pauvre mère.
Enfant, mon seul espoir.

VILLEBLANCHE.

Iselle

J. VIMEUX.

L'Ange des moissons.
Bonheur de jeune fille.
La Reine du vallon.

F. VIRET.

Chant du soir.
Deux voix du cœur.
Rêverie.

VIVIER.

Le Rouge-gorge.

A. VOGEL.

Les Deux mendiants.

WEKERLIN.

Le Printemps (avec hautbois).

DUOS ET NOCTURNES

AVEC ACCOMPAGNEMENT DE PIANO.

NOTA. — Les * servent à désigner les morceaux dont les paroles conviennent surtout pour les pensions

DUOS ET NOCTURNES POUR DEUX SOPRANOS.

ADAM (Ad.). Et moi je veille.	2 50
BEAUPLAN. La Confidence.	2 50
— Non, je ne valse pas.	2 50
BÉRAT. * La Bienfaisance.	2 50
— * Ma Normandie.	2 50
BOIELDIEU. * Prière et Vœu.	2 50
BORDÈSE (Luigi). * Le Départ. . . .	3 »
— * Le Retour.	3 »
BOULANGER-KUNZÉ. Viens, la mer est d'azur.	2 50
BRUGUIÈRE. * La Chapelle de Guillaume Tell.	2 50
— * Je veux revoir ma patrie. . .	2 50
— Le Napolitain.	2 50
— La Rose sauvage.	2 50
— Souvenirs de la Suisse. . . .	2 50
— * Les Vacances.	2 50
CARCASSI. Douce Rêverie	2 50
— Le Gondolier.	2 50
— L'Heureux.	2 50
— Venez.	2 50
CARULLI (G.). * Chant des Mères moscovites	3 75
— La Danse napolitaine.	2 50
— * Des abîmes profonds.	3 75
— * Ischia.	4 50
— Les Jeunes Filles et les Fleurs.	2 50
— Nous ne changeons pas de patrie.	2 50
— * O notre Père.	5 »
— * La Semaine sainte.	3 75
— * Les Suisses.	5 37
— * La Vierge dorée.	2 50
CLAPISSON (L.). * L'Attente.	3 »
— * Balançons-nous.	2 50
— * Les Glaneuses.	2 50
— * Je parlerai, duo des *Mystères d'Udolphe*.	6 »
— * Prière à bord d'un vaisseau. .	3 »
— Le Ranz.	3 »
— Une Rêveuse.	2 50
— Les Vedettes.	2 50
— Voici la nuit.	3 »
DAVID (Félicien). Partons.	2 50
DONIZETTI. * Le Départ du Volontaire.	3 »
— La Fille du Danube.	3 »
— * Les Jeunes Filles de Sorrente.	3 »
— * Les Napolitains.	3 »
— Une Nuit sur l'eau.	3 »
— * Le Retour des Proscrits. . . .	3 »
DUCHAMBGE. Les Chanteurs italiens.	2 50
GRISAR. * Retour du mois de mai.	2 50
HAAS (Ch.). * Aux Jeunes Filles. . .	2 50
— Les Jeunes Tyroliennes. . . .	2 50
KELLER. * Les Bohémiens.	2 50
— Les Lansquenets.	2 50
— La Matinée de printemps. . . .	2 50
— * Les Moissonneurs.	2 50
— L'Ouragan.	2 50
— * Les Pêcheurs de l'Adriatique.	2 50
LAGOANÈRE. Advienne que pourra.	2 »
— * La Brigantine.	2 »
— * La Chapelle des champs . . .	2 »
— * Les Enfants errants.	2 »
— * Le Pauvre Voyageur.	2 »
LECORBEILLER (Ch.). * Les Rameurs.	2 50
LOUIS (N.). L'Isolement.	2 50
— L'Œillet.	2 50
— * Trop tard.	2 50
MASINI. * Les Belles Nuits d'été. . .	2 50
— * Le Départ des mariniers. . .	2 50
— Les Fiancées des Pâtres. . . .	2 50
— Le Lac de Genève.	2 50
— La Moisson.	2 50
— * Que la mer est belle!	2 50
— La Rive qu'on aime.	2 50
MICHEL (F.). * Près de la Croix. . .	2 50
— * Quittons le port.	2 50
MONPOU (Hip.). * Exil et Retour. .	2 50
— Les Deux Cousines.	2 50
NAVARRE (Ad.). Valentine et Marguerite. . . . . net.	1 25
NICOU-CHORON. Les Gentils Pastours	2 50
OFFENBACH. Meunière et Fermière.	9 »

PANSERON. Adieu à la Suisse. . . . 2 50
— * Allons danser sur la colline. . 2 50
— Le Ciel est pur. 2 50
— En vain l'orage grondera. . . . 2 50
— Je veux revoir ma patrie. . . . 2 50
— Restons ici. 2 50
— Venez dans ma chaumière. . . . 2 50

PUGET (Mlle.). Adieu, tout ce que j'aime. 2 50
— Du temps que la reine Berthe filait. 2 50

QUIDANT (A.). Les Deux Jumeaux. . 2 50

ROUSSEL. Il est minuit. 2 50

SCARD (A.). * Chantez, oiseaux du ciel. 2 50
— * Les Deux Rosières. 2 50
— * Le Retour au hameau. 2 50

STRAUSS. * Les Dentelles de Bruxelles. 2 50
— Philomèle. 2 50

THYS. * Pam pam. 2 50

WEKERLIN. * Nocturne oriental. . . 2 50

ZEREZO. L'Espoir. 2 50
* * * Ecoute, écoute. 2 50
* * * Le Montagnard émigré. . 2 50

DUOS ET NOCTURNES POUR SOPRANO ET MEZZO-SOPRAO OU CONTRALTO OU BARYTON.

ADAM (Ad.). A lui la puissance, du *Roi d'Yvetot*. . . . . . S. C. 4 50

ALARY. Les charmes du mariage. S. T. MS. B. 5 . .

BORDÈSE (L.). Les Almées. . S. MS. 5 . .
— Au bord du lac de Côme. S. MS. 5 . .
— * Les Brésiliennes. . . . S. MS. 5 . .
— Les chasseresses. . . . S. MS. 5 . .
— Les Créoles. . . . . . . S. MS. 5 . .
— La Fête des Roses à Mergellina. . . . . S. MS. 5 . .
— * Le Golfe de Naples. . S. MS. 5 . .
— * Les Martyres. . . . . S. MS. 5 . .
— * Les Novices. . . . . . S. MS. 5 . .
— La Tarentelle. . . . . . S. MS. 5 . .
— Une Soirée en mer. . . S. MS. 5 . .

BOUGNOL. (L.). * La Prière au village. . . . . S. MS. 2 50

BRUGUIÈRE (Ed.). * La Chapelle de Guillaume Tell. . . . S. MS. 2 50
— Les Vacances. . . . . . S. MS. 2 50

DONIZETTI (G.). L'Adieu. . . . S. S. 4 50
— Les Gondoliers de l'Adriatique. . . . . S. S. 3 . .
— * Le Pèlerinage. . . . . S. MS. 4 50
— Une Fête au Lido. . . . . S. B. 4 50

DUFORT (Ch. de). Les Gondoliers vénitiens. . . . . S. C. 2 50

GABUSSI. L'Absence. . . . . S. C. 3 . .
— * La Calabraise. . . . . . S. C. 3 . .
— Les Captives. . . . . . . S. C. 3 . .
— La Cloche des trépassée. S. C. 3 75
— * Les Deux Fiancées. . . S. C. 3 . .
— * Les Deux Nonnes. . . . S. C. 3 . .
— * Les Epouses des croisés. S. C. 4 50
— * Frère et Sœur. . . . . . S. C. 3 . .
— * Les Jeunes Grecques. . S. C. 3 . .
— * Les Jeunes Irlandaises. . S. C. 3 . .
— Le Lac. . . . . S. C. 4 50
— Minuit. . . . . S. C. 3 . .
— * La Mode. . . . . S. C. 3 . .
— * Notre-Dame-de-Lorette. S. C. 3 . .
— * L'Offrande à la Madone. S. C. 3 . .
— L'Ombre. . . . . S. C. 3 . .
— * Les Orphelins. . . . . . S. C. 3 . .
— * Page et châtelaine. . . S. C. 3 . .
— * Les Pèlerins. . . . . . . S. C. 3 . .

GABUSSI. * Les Petites Bohémiennes. . . . . S. C. 3 . .
— * Les Petits Savoyards. . S. C. 3 . .
— Le Portrait. . . . . S. C. 3 . .
— Le Remords. . . . . S. C. 3 75
— * Le Retour des Chasseurs S. C. 3 . .
— * Le Retour des Pèlerins. . S. C. 3 . .
— Rêveries du soir. . . . . S. C. 3 . .
— * La Rose. . . . . S. C. 3 . .
— * La Séparation . . . . . S. C. 3 . .
— * Une Soirée en Italie . . S. C. 3 . .
— * Le Solitaire et la Bèlerine S. C. 3 . .
— * Souvenirs d'Italie. . . . S. C. 5 . .
— * Le Temps. . . . . S. C. 3 . .
— * Une Fête à Venise . . . S. C. 3 . .
— Une Nuit à Rome . . . . . S. C. 3 . .
— Venise . . . . S. C. 3 . .
— * La Vivandière . . . . . S. C. 3 . .

GRAZIANI. Les Fileuses bretonnes. S. C. 4 50

GRISARD. * La Fête des Madones. S. C. 2 50
— L'Oraison de sainte Geneviève. S. C. 2 50
— * Prenez espoir. . . . . . S. C. 2 50

HAAS. La Sympathie. . . . . S. B. 3 . .

MASSINI. Avant le bal. . . . . S. C. 2 50
— * Le Départ des Styriens. S. C. 2 50
— L'Echo de la rive. . . . . S. C. 2 50
— Il faut être deux. . . . . S. C. 2 50
— * Naples. . . . . S. C. 4 50
— * Premiers beaux jours. S. C. 2 50
— Quittons Venise. . . . . . S. C. 2 50

MICHEL (F.). La Chasse du roi Charles IX. . . . . S. B. 3 . .

O'KELLY. Les Etoiles. . . . S. MS. 2 50

PERRUCHINI. Les Adieux à la patrie. . . . . S. C. 2 50

SCARD (A.). * La Fête du Village. . . . . S. C. 2 50
— * Le Retour des Proscrits. S. MS. 5 . .

TRIOS

ROMANCES, MÉLODIES, SCÈNES, ETC., POUR TROIS SOPRANOS.

BRUGUIÈRE (Ed.). Les Vacances. . 2 50

CARULLI. Des abîmes profonds . . 3 75
— Adieux à la mer. . . . . 3 . .
— Bonsoir 2 50
— Brise du soir. 2 50
— * Ischia. 3 75
— * O notre Père! 2 50
— * Que cette mer est belle ! . . . 2 50
— * Chant des Mères moscovites . 3 . .

CARULLI. * La Semaine sainte. . . . 2 . .
— Silence. . . . . 2 . .
— Si le sommeil. . . . . 3 . .
— * Les Suisses. . . . . 3 . .
— Les Sylphes. . . . . 3 . .

MERCADANTE. * Prière des Vestales. 4 50

NAVARRE (Ad.). Dieu et Marie. net. 1 25

SCARD (A.). Départ et Retour. . . 4 50

QUATUORS

SÉRÉNADES ET SCÈNES POUR DEUX TÉNORS ET DEUX BASSES.

CARULLI. Bonsoir. 2 50
— Brise du soir. 2 50
— * Que cette mer est belle ! . . . 2 50
— Silence. 2 50
— Si le sommeil. 3 50

CLAPISSON. * L'Attente. . . . . . . 3 . .
— Les Contrebandiers. . . . . . . 3 . .
— Le Départ des chasseurs. . . . 3 . .
— * La Prière à bord d'un vaisseau. . . . . 3 . .

CLAPISSON. Le Ranz. . . . . 3 . .
— Voici la nuit. . . . . 3 . .

COSTA. Les Montagnards suisses. . . 6 . .

DONIZETTI. La Cloche. 3 75
— Rataplan. 4 50

SCARD (A.). La Campagne au soir, sans accompagnement . . . 3 . .
— Les Pêcheurs vénitiens. . . . . 8 . .
— La Ronde des Pâtres. 7 50

CHŒURS

CHŒURS POUR QUATRE VOIX D'HOMMES.

ADAM (Ad.). Marchons, soldats, Chœur de *Lambert Simnel*. 2 50

BOISSELOT (X.). Sérénade de *Ne touchez pas à la Reine*. . . net. . 50
— Chœur de soldats, du même opéra. . . . . net. . 50

CARULLI (G.). Six sérénades et aubades, avec accomp. de piano, *ad libitum*:
Nos 1. L'Heure du soir. . . 3 . .
2. Le Départ pour la chasse. 4 50
3. Le Réveil. . . . . . 3 . .
4. La Tarentelle. . . . 4 50
5. Les Exilés. . . . . . 3 . .
6. Le Charivari. . . . 3 . .

CLAPISSON (L.). Six mélodies nocturnes, exécutées à l'Académie impériale :
Nos 1. Les Sbires. 4 50
2. La Sérénade. 4 50
3. Les Maraudeurs de Liddesdale. 4 50
4. La Nacelle. 4 50
5. Le Nain noir. 4 50
6. Le Mai. 4 50

CRESTE. Le Capitaine Beau-Jarret, chansonnette avec chœur, *ad libitum* . . . . 6 . .

DAVID (Fél.). Le Chant du soir, chœur ou quatuor avec vocalises de ténor solo, exécuté à toutes les représentations du *Désert*, sous le titre de la Danse des Astres. . . . . . 9 . .
Chaque partie séparé. . net. . 30
— Les Génies de l'Océan, chœur de *Christophe Colomb*, avec vocalises de soprano, *ad libitum*. . . . . 5 . .
— Chœur bachique de *Chistophe Colomb*. . . . . 5 . .
— Chœur des Sauvages, de *Christophe Colomb*, pour voix d'hommes et de femmes. . . 5 . .

DONIZETTI (G.). La Cloche. 3 75
— Rataplan. 4 50

MANGEANT. Les Pêcheurs de Royan, chœur avec ronde. 2 50

MONPOU (H.). Les Cris de Paris, scène burlesque. . . . . 5 . .
— Chant national de *Lambert Simnel*, solo et chœur. . . . 2 50

PANSERON. Orphéus, six chœurs avec les parties séparées, 1er recueil :
N°s 1. La Valse. . . . . 5 . .
2. Les Ermites. . . . . 5 . .
3. Le Carnaval . . . . . . 5 . .

PANSERON. Orphéus (suite) :
N°s 4. Le Départ des Suisses. 6 . .
5. La Chasse. . . . . 5 . .
6. La Veille des armes.
Les six reunis. . . . net. 12 . .

CHŒURS POUR PENSIONNATS DE DEMOISELLES.

BOISSELOT (X.). *Prière à la Vierge.* à trois voix, pour 2 sopr. et 1 mezzo-sop. . . . . 3 . .

BORDÈSE (Luigi). Au bord du lac de Côme, à deux voix, pour 2 sopr. et 1 mezzo-sopr. . . . . 5 . .
— Les Chasseresses, pour 2 sopr. et 1 mezzo-sopr. . . . . 5 . .
— Une Soirée en mer, pour 2 sopr. et 1 mezzo-sopr. . . . . 5 . .
— Les trophées de l'Enfance, chants composés pour la distribution des prix dans les pensionnats.
N°s 1. Prix et couronnes.
2. Pleurs de joie.
3. Premiers lauriers. net. 1 25
Chaque partie séparée. 10

BOVY DE LYSBERG (Ch.). Les Cloches du soir, chœur pour voix de femmes. . . . . 3 . .

BRUGUIÈRE (Ed.). Hymne à Marie, chant religieux à trois voix. . 2 50
— Les Vacances, chansonnette à trois voix. 2 50
— Hymnes religieux, six chœurs pour trois voix avec solo :
N°s 1. Hymne à l'Ange gardien . . . . 3 . .
2. Hymne au divin Créateur . . . . 3 . .
Hymne à Marie.
N°s 3. L'Etoile des mers. . . 4 . .
4. Ma blanche Étoile. . . 3 . .
5. Notre Mère des cieux. . 3 . .
6. Bénissons le nom de Marie . . . . 4 . .
Les six réunis. . . 15 . .

CARULLI (G.). Mélodies pour trois voix égales :
N°s 1. Les Suisses. . . . . . . 3 . .
2. La Semaine sainte. . . 3 . .
3. Les Adieux à la mer. . 3 . .
4. Chant des Mères moscovites. . . . . 3 . .
5. Des abîmes profonds. . 3 75
6. Ischia. 3 75
7. O notre Père. 2 50
8. Les Sylphes. . . . . . . 5 . .
Les huit réunies et brochées. . 18 . .

CLAPISSON (L.). Six chœurs de jeunes filles pour trois voix, avec solo :
N°s 1. La petite Chapelle. . . 3 . .
2. La Chasse aux papillons . . . . 5 . .

CLAPISSON. *Suite des chœurs :*
3. Les Glaneuses. . . . . 3 . .
4. La Danse aux Chansons . . . . 4 . .
5. Le Mois de Marie. . . 3 . .
6. Les Sirènes du Danube. 7 50
Les six réunis. . . . 18 . .

DAVID. (Fél.). Hymne au Créateur, pour trois voix de femmes, sur le Chant du soir. Parties séparées (accomp. de piano *ad libit*) . . . . 5 . .
— La Prière, chœur de *Christophe Colomb*, arrangé pour quatre voix de femmes, avec parties séparées (accomp. de piano *ad libit*) . . . . 5 . .

DEVRAINNE. O salutaris! pour 2 ténors et 2 basses, avec 2 soprani *ad libit.*
Chaque partie, net. . . .

HÉROLD (F.). Aux pieds de la Madone, prière de *Zampa*, à trois voix. 2 50

GOUNOD (Ch.). Les Couronnes, chœurs composés pour la distribution des prix dans les pensionnats :
N°s 1. Le Travail béni, chant à 3 voix égales avec solo. net. 1 25
2. La Fête des couronnes, chant à 3 voix égales . . . , . . net. 1 25
3. Dieu partout, chant à 3 voix égales . . net. 1 25
Chaque partie séparé, net. . . . 10

MEYERBEER (G.). Déjà l'ombre s'évapore, prière à 5 voix. . . . . . 6 . .

MONPOU (H.). Ici l'on passe des jours, chœur à 3 ou 4 voix. 3 75

PANSERON (A.). *Orphéus des jeunes pensionnaires*, 6 chœurs pour 3 voix égales, ou 2 soprani et 1 contralto avec les parties séparées, 1er recueil.
N°s 1. Mes sœurs, prions. . . 4 50
2. Voici l'aurore. 7 75
3. Le Départ des chasseurs. . . . . 5 . .
4. O toi, Dieu tutélaire! 5 . .
5. Bannissez les alarmes . 4 50
6. Le Retour. . . . . 5 . .
Les six réunis et brochés, net. 12 . .

AUX MÈRES DE FAMILLE

LA

PROVIDENCE DES ENFANTS

Mélodies Françaises, Italiennes et Allemandes.

AIRS DE DANSE, RONDOS, AIRS VARIÉS

EXERCICES MELODIQUES

D'une difficulté progressive, sans octave et soigneusement doigtés

POUR

LE PIANO

PAR

ADOLPHE LE CARPENTIER

Op. 200

En deux livres. — Chaque 10 Francs.

Oter au travail son aridité, présenter sous un côté agréable tout ce que l'étude des exercices des cinq doigts contient d'utile, tel est le but que M. Le Carpentier s'est proposé, et il l'a atteint, nous le croyons, dans son nouvel ouvrage : **La Providence des Enfants.**

Jusqu'ici, dans toutes les méthodes, les exercices de mécanisme ont été présentés d'une manière si peu attrayante que les Enfants ne se décident à les travailler qu'avec une grande répugnance, causée par la monotonie que contient forcément la forme dans laquelle ils ont été conçus. Pour éviter ce défaut, qui finit souvent par décourager entièrement les Enfants, M. Le Carpentier a eu l'heureuse idée de composer de petits exercices mélodiques, rhythmiques et nuancés. Chacun de ces exercices est progressif; ils sont très courts. Chaque difficulté de mécanisme et de nuance est étudiée séparément; tel exercice est composé sur une mélodie dont les éléments sont combinés pour donner de l'indépendance au quatrième doigt ; tel autre apprend à se familiariser avec le mélange alternatif des touches blanches et noires. Celui-ci exerce à faire les notes piquées, celui-là à faire les notes liées. Les arpéges, les tierces, les notes répétées, le trille, et enfin tout le rudiment du mécanisme vient se présenter successivement et toujours avec l'attrait de la mélodie et du rhythme.

Pour déguiser davantage le travail, les exercices sont entremêlés d'airs connus, choisis dans les œuvres d'excellents maîtres, et portant dans l'ouvrage de M. Le Carpentier le titre de *Récréations.*

Les Professeurs et les Mères de famille, après la lecture et l'essai de l'ouvrage que nous publions, reconnaîtront, nous nous plaisons à le croire, que ce nouveau travail de M. Le Carpentier, professeur éminent auquel l'enseignement doit déjà tant, mérite incontestablement le titre de **La Providence des Enfants**, et est appelé à avoir l'immence succès de tous ses autres ouvrages élémentaires, dont la popularité est consacrée par des rapports du **Conservatoire** et de **l'Institut.**

Paris. — Typographie de Ch. Meyruels, rue Cujas, 13.

EDUCATION MUSICALE DES ENFANTS

PAR

A. LE CARPENTIER

Adoptée au Conservatoire et approuvée par l'Institut

GRAMMAIRE.

GRAMMAIRE MUSICALE PAR DEMANDES ET RÉPONSES

Contenant les principes de la musique, format in-8° . . . . net. 1 25
Suite à la **Grammaire musicale**, format in-8° . . . . net. 1 25
Les deux parties réunies. . . . . net. 2 »

SOLFÉGES.

PETIT SOLFÉGE POUR LES ENFANTS

Edition in-4° avec accompagnement de piano . . . . . . Prix marqué. 15 »
Edition in-8° sans accompagnement, 13e édition . . . . . . net. 2 50
Adopté au Conservatoire dans la séance du 5 juillet 1854.

SOLFÉGE A DEUX VOIX POUR LES CLASSES D'ENSEMBLE

Edition in-4° avec accompagnement de piano . . . . . . Prix marqué. 20 »
Edition in-8° sans accompagnement . . . . net. 3 »
Adopté au Conservatoire dans la séance du 5 juillet 1854.

SOLFÉGES DE RODOLPHE ET D'ITALIE

Réduits avec accompagnement de piano ou orgue-harmonium et mis à la portée des enfants.

Les leçons de ces solféges ont été baissées et classées de manière à ne pas fatiguer la voix des élèves. Un accompagnement de piano ou orgue-harmonium, placé sous le chant, est composé de manière à soutenir la voix en guidant la justesse des intonations.

Edition in-4°. Op. 261. . . . . Prix marqué. 15 »

PIANO

COURS PRATIQUE DE PIANO ÉLÉMENTAIRE ET PROGRESSIF

Adopté au Conservatoire dans la séance du 26 décembre 1853.

1er DEGRÉ.—**Méthode pour les Enfants,** contenant les premiers principes, des exercices, gammes, récréations, et six petites études, 20e édit. . 12 »
2e DEGRÉ.—Op. 59. **Seconde partie de la Méthode,** contenant **vingt-cinq Etudes enfantines,** précédées chacune d'exercices et préludes, et suivies de douze récréations sur des motifs choisis . . . . 12 »
3e DEGRÉ.—Op. 174. **Vingt-cinq Etudes élémentaires et progressives,** trente exercices journaliers et quatre récréations . . . . 12 »
4e DEGRÉ.—Op. 175. **Vingt-cinq Etudes de moyenne force** et cinquante exercices journaliers comprenant des octaves . . . . 12 »
5e DEGRÉ.—Op. 127. **Vingt-cinq Etudes caractéristiques** de style et de perfectionnement. . . . . 18 »

APPENDICE

6e DEGRÉ.—Op. 57. **Ecole de la mesure,** pour être travaillée avec les 2e, 3e, 4e et 5e degrés . . . . 10 »
7e DEGRÉ.—Op. 78. **Quinze Préludes brillants** et de moyenne force 9 »
Tous ces Ouvrages ont été approuvés par l'Institut dans sa séance du 25 sept. 1854.

ÉLÉMENTS DU PIANO A QUATRE MAINS

ÉTUDE DE LA MESURE

Manuel des jeunes Pianistes. Contenant 20 petites leçons mélodiques et 5 récréations très-faciles sans octaves pour le piano à quatre mains. — Op. 232 . . . . 12 »
Vingt-cinq Etudes dialoguées (sans octaves) pour le piano à 4 mains. Op. 239. . . . . 15 »

MÉTHODE ÉLÉMENTAIRE D'ORGUE-HARMONIUM, 12 FR.

www.ingramcontent.com/pod-product-compliance
Lightning Source LLC
LaVergne TN
LVHW010045230826
846091LV00005B/1881

* 9 7 8 2 0 1 9 2 3 1 7 1 2 *